Es ging um das Recht für uns Frauen, dass wir arbeiten dürfen – eigentlich unglaublich, dass man in unseren Tagen über so eine Angelegenheit streiten muss! Aber beide jungen Herren – sehr junge, nebenbei bemerkt – waren fest überzeugt, dass wir nichts auf dem Arbeitsmarkt zu suchen hätten und dort nie etwas anderes gemacht hätten als Ärger. Unsere Anwesenheit sei der Grund für die sinkende Zahl der Eheschließungen. Wir nähmen den Männern ja vorsätzlich das Brot aus dem Mund. »Was sollen wir denn sonst machen, eurer Meinung nach?«, fragte ich. »Nicht arbeiten gehen?«

Elin Wägner

DIE SEKRETÄRINNEN

Roman

*Aus dem Schwedischen
von Wibke Kuhn*

Ecco

Die Originalausgabe erschien 1908 unter dem Titel
Norrtullsligan bei Albert Bonniers Förlag, Stockholm.

eccoverlag.de

1. Auflage 2022
© 1908 Elin Wägner
© 2022 für die deutschsprachige Ausgabe
Ecco Verlag in der
Verlagsgruppe HarperCollins Deutschland GmbH, Hamburg
Einbandgestaltung von Ecco Verlag nach einem
Gestaltungskonzept von Anzinger und Rasp, München
Einbandabbildung von Hilma af Klint Group IV,
The Ten Largest, No. 2, Childhood, 1907
Gesetzt aus der Minion Pro
von Pinkuin Satz und Datentechnik, Berlin
Druck und Bindung von CPI books GmbH, Leck
Printed in Germany
ISBN 978-3-7530-0060-2

1

STOCKHOLM, 29. SEPTEMBER

Nichts kommt so, wie man es sich gedacht hat!

Das war nicht das, was ich mir vor zehn Jahren vorgestellt hatte, als ich den Konfirmandenunterricht besuchte, mein erstes langes Kleid bekam und meine erste Packung Haarnadeln kaufte, die mir übrigens sofort wieder aus den Haaren rutschten.

Es war noch weniger als das, was ich mir vor fünf Jahren vorgestellt hatte, als ich zwanzig Jahre alt wurde und zum ersten Mal flammend verliebt war. Ich weiß noch, wie es war, als ich mich eines Abends genauso glücklich wie verstohlen durch die Seitenstraßen zu unserem ersten Rendezvous schlich und an unserem Laternenpfahl stehen blieb, um auf die Uhr zu schauen, während er in einem Park auf mich wartete. Nie wieder würde es in meinem Leben einen Alltag geben, das schwor ich mir. Entweder Himmel oder Hölle, vor allem Himmel, rauf und wieder runter, eine ständige Berg- und Talbahn. Und das funktionierte auch eine Weile, aber dann war es auch schon wieder vorbei, bevor ich michs recht versah, und da saß ich dann, im tiefsten Tal. Nicht auszudenken, wenn jemand damals gewagt hätte, mir zu sagen, dass ich Sekretärin werden würde, ich, die doch immer so lebte, als würde sie Mitte nächster Woche sterben! Aber jetzt bin ich es doch.

Es ließ sich nicht vermeiden. Das heißt, es hätte sich wohl schon vermeiden lassen, aber es war das Nächstliegende. Und manchmal, wenn man sehr müde ist, greift man nach dem Nächstliegenden.

Ich meine, vor meinen Augen justament eine riesige Armee von Twillblusen und mich selbst als neueste Zwangsrekrutierte zu sehen. Am ersten Oktober beginnt das Exerzieren.

Ein Schriftsteller hat über uns arbeitende Frauen mal gesagt, dass man uns Gerechtigkeit angedeihen lassen muss, dass es nicht die Liebe zur Arbeit ist, sondern die reine Not, die uns in die Arbeitswelt des Mannes zwingt. Das ist sehr wahr und klug gesagt, denn es ist die Not, die Not, und ich bin sicher, dass ich diese Arbeit hassen werde, die ich jetzt antreten soll. Meine Seele zuckt instinktiv zurück vor Kassenbuch und Schreibmaschine, aber wir müssen vielleicht doch irgendwie leben, Putte und ich, besonders Putte, und obwohl Putte ja, wie er es selbst ausdrückt, Witwer und Waise ist, reicht es nicht, sein Schulbesuch ist so unglaublich teuer und Untermieten hier in Stockholm auch. So hab ich also aus Pflichtgefühl eine Stelle in einer Anwaltskanzlei angenommen, Buchhaltung und Korrespondenz, und alle sagen, ich kann mich glücklich schätzen, dass ich die so schnell bekommen habe, ohne Zeugnis, weder von Schartaus noch von Påhlmans Handelsinstitut, und das in meinem Alter. Ich bin nicht älter als fünfundzwanzig, aber ich habe gehört, dass sie gerade so junge Mädchen suchen, die noch im Elternhaus wohnen, das ist billiger. Ich glaube ja in meiner Unschuld, dass ich billig genug bin: achtzig Kronen für sieben Stunden pro Tag und fünfzig Öre für jede Überstunde. Ich werde wohl welche machen, und das Geld soll für Putte sein. Ich selbst muss mit meinen achtzig zurande kommen.

Ich kam um sieben Uhr morgens in die Stadt wie irgendein armes Möbelstück, aber andererseits hatten es die Möbel besser, denn die waren gut verpackt und wurden ins Haus getragen. Ich nicht, nicht eine Menschenseele war da, um mich in Empfang zu nehmen, aber es wäre falsch gewesen, deswegen den Mut zu verlieren. Ich kämpfte den Impuls nieder, eine Droschke zu nehmen, und setzte mich in die Straßenbahn, wobei ich mir versprach, dass das nicht zu oft vorkommen würde, denn eine Fahrkarte kostet so viel wie Brot für einen ganzen Tag, Morgen- und Abend- und Vormittagsbrote, wenn man sie nicht zu groß und nicht zu viele macht.

Die Straßenbahn war voller morgendlich blasser und fröstelnder Arbeiter. Als ich sie sah, versuchte ich meine Stimmung durch ein »Denk an die ganzen Leute, denen es schlechter geht als dir« zu heben. Da ich nicht vor neun Uhr im Büro sein muss, hätte es unglaublich guttun müssen, an die zu denken, die schon um sieben in die Tretmühle müssen, aber das ist wohl nur eine Legende, die sich alte Leute ausgedacht haben, denn der Gedanke an die Sieben-Uhr-Menschen hob meine Stimmung nur unwesentlich.

Und der rote Wagen ratterte die Upplandsgatan hoch, vorbei an Häusern, Häusern und noch mehr Häusern, und als ich mir schon dachte, dass wir jetzt sicher gleich in Uppsala sein müssten, waren wir erst am Odenplan. Die ganze Norrtullsgatan ähnelte bereits einem Möbellager und bot intimste Einblicke in die Lebensumstände der umziehenden Familien. Ich hatte fast Schwierigkeiten, durch die Tür zu kommen. Das Haus, in dem ich wohne, ist ziemlich neu, groß wie eine Burg und dürfte ungefähr Platz für eine kleinere Kirchengemeinde bieten. Man betritt es durch einen Bogengang, der auf den zementierten, von einer Mauer umgebenen Hof mit Aufgängen von A bis F führt. Wenn man sich streckt, sieht man vielleicht ein viereckiges Stück Himmel, so groß wie ein Stück Stoff für ein schmales, ärmelloses Leibchen, aber der Himmel schien nicht weiter weg zu sein als normal. Das Ganze ähnelt einem Brunnen, und ich muss manchmal an Josef und seine unfreundlichen Brüder denken.

Wir wohnen im vierten Stock, aber es gibt keinen Aufzug, denn es ist ein Haus für die Mittelklasse. Die Leute sagen ja, dass Treppensteigen gesund ist, und das sorgt wohl dafür, dass man nie unnötig heimgeht.

Nachdem ich zu guter Letzt mich selbst samt Gepäck alle vier Treppen hinaufbugsiert hatte, ließ ich mich atemlos auf die unterste Stufe der Treppe zum Dachboden fallen. Niemand hörte mich, als ich an die Küchentür klopfte, deswegen hämmerte ich in einem Wutanfall drauflos, dass das ganze Haus aufwachte.

»Bist du das, Elisabeth?«, hörte ich aus dem Inneren der Wohnung.

»Ja, das liegt wohl nahe, denn anständige Menschen

würden wohl nicht solch einen Lärm machen oder um so eine Uhrzeit aufschlagen.«

»Ja, natürlich bin ich Elisabeth«, sagte ich. »Macht die Tür auf!«

Das taten sie am Ende auch, und in dem Moment wurde mir klar, was der Grund für ihr Zögern war – sie trugen alle mehr oder weniger schon ihre Nachthemden und hatten Papilloten in den Haaren. Ich musste lachen: Das war also die Norrtulltruppe, der Vorposten der Zivilisation in Vasastan! Aber ich spürte, dass ich mich bei ihnen wohlfühlen würde. Glücklicherweise hatte ein Mitglied dieser fröhlichen und berühmten Truppe geheiratet und lebte jetzt glücklich auf dem Lande, sodass ein Platz für mich frei geworden war. Wir mieten zwei Zimmer von einer älteren Frau, die angeblich einen Sohn hat, der Assessor ist. Wir dürfen ihre Küche mitbenutzen, und ich vermute, das bedeutet, dass wir uns ausschließlich von Brot ernähren sollen, das wir mit Tee und Kaffee ohne Sahne herunterspülen. Mittags essen die anderen Mädchen auswärts, je nachdem, wann und wo und ob es sich ergibt. Ich gehöre jetzt auch zu dieser Kaste von Menschen, die vom sogenannten trauten Heim nur das mitbekommen, was sie erspähen können, wenn die Nachbarn auf der anderen Straßenseite vergessen haben, die Jalousien runterzulassen. Wenn wir Männer wären, dann wären wir »ausschließlich auf Restaurants angewiesen«. Das könnte ich mir ganz lustig vorstellen, nachdem man von Geburt an als Mädchen im Haus der Eltern (oder anderer Leute) gewohnt hat.

Eva, die Einzige, die ich schon von früher kenne und die auch meine Zimmergenossin werden soll, stellte vor:

»Hier habt ihr das gläubige Frauenzimmer mit eigenem Bettzeug, das wir per Annonce gesucht haben. Ich hoffe, dass der Gepäckträger gleich mit dem Bettzeug kommt.«

Alle nahmen mich in den Arm und küssten mich zur Begrüßung und halfen mir aus Mantel und Jacke, und es war ein einziges lautes Gelächter und Geplauder, bis Eva schließlich einen schrillen Schrei ausstieß, von dem Tote aufgewacht wären.

»Was um Himmels willen ist denn passiert, Eva?«, fragte ich.

»Der Assessor!«

Im Flur hatte eine Tür geknarrt, und im Nu waren alle Mädchen aus der Küche und dem Flur wie weggeblasen, außer Baby, die fast bekleidet war und den Kaffeekessel bewachte, während sie sich die Stiefeletten schnürte. Natürlich war es nicht der Assessor, obwohl es einem Mann ähnlich gesehen hätte, um diese Tageszeit Unruhe im Hühnerstall zu stiften.

Kurz darauf zuckte ich zusammen von einem anderen grellen Notruf:

»Mädels, es ist zwanzig nach acht!«

Ich war sprachlos, als ich die Hektik beobachtete, die daraufhin ausbrach. Es war, als fegte ein Orkan durchs Zimmer. Kaffeetassen und Zuckerdosen kamen aus einer Schublade zum Vorschein, Butter und Brot wurden aus einem Eckschrank in der Küche gerissen, Baby kam mit dem Kaffee angeschwappt, und alle schmierten sich in rasendem Tempo ihre Brote fürs Büro und verbrühten sich am Kaffee, während sie es gleichzeitig unbegreiflicherweise schafften, den Sitz ihrer Hüte vor den Spiegeln zu kontrollieren. Kurz nach halb neun eilten sie hinaus, die zusammengelegten Mäntel über dem Arm und Handschuhe, Taschen und rosarote Pausenbrottüten in den Händen. Es war auf einmal so still, dass ich aufmerkte.

Während ich nun auf den Gepäckträger wartete, machte ich Wasser in einem Kessel heiß und stellte mich in die Küche, um die Frühstückstassen abzuwaschen. Es war das erste Mal und wird wohl nicht das letzte bleiben – mein Schicksal war immer eng mit der Abwaschschüssel verbunden.

Jetzt kam tatsächlich der Assessor. Ich schoss zur Küchentür und sprang auf die Kiste mit dem Feuerholz, damit ich durch die Fensterscheibe in der Tür kontrollieren konnte, was er tat. Wie ich schon geahnt hatte, ging er nicht direkt in den Flur, sondern machte einen kurzen Abstecher in unsere zwei Zimmer. Er dachte ja, dass alle weg wären, wie immer. Ich kletterte hinunter, ging leise wie ein kleiner Engel in mein Zimmer und kam gerade recht, um ihn zu ertappen, wie er in Babys Bücherregal wühlte. Er floh feige, ohne sich vorzustellen. Er war hochgewachsen und ein bisschen ausgeblichen und nicht mein Typ.

Es ist bereits ein Mann auf der Bildfläche, bevor ich eingetroffen bin. Ich bin ja gespannt, was noch kommt. Ich weiß nicht, was für Männer und andere Unglücksfälle mich hier in Stockholm erwarten, aber zumindest kann ich mir auf empirischem Wege ausrechnen, dass dort, wo ich bin, in den nächsten Jahren noch einige zusammenkommen werden …

2

30. SEPTEMBER

Heute bin ich hochgegangen und habe mich beim Anwalt vorgestellt. Man hatte mich anhand eines Fotos genommen, und er sah aus, als wäre er erleichtert, als er sah, dass ich auch eine hübsche Haut habe. Morgen fängt die Arbeit an, und gestern habe ich mich in der Wohnung eingerichtet. Eva und ich haben ein mittelgroßes Zimmer, jede hat ein Fenster und eine Längsseite. Evas ist sehr charakteristisch für sie und ebenso erfrischend wie sie selbst. Direkt gegenüber steht eine herrliche breite Ottomane, die Eva sich vom Munde abgespart hatte, und darüber hängt eine Art Inschrift, die da lautet: *Männer dürfen unter keinen Umständen im Damencoupé*

Was wir lesen wollen.

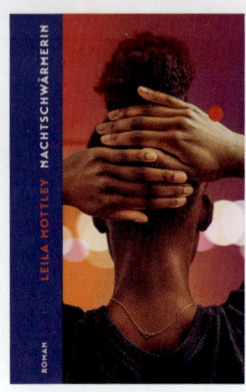

Leila Mottley
Nachtschwärmerin
Aus dem amerikanischen Englisch
von Yasemin Dinçer
Roman
Deutsche Erstausgabe
416 Seiten
Gebunden mit Lesebändchen
€ 22,– [D] / € 22,70 [A]
978-3-7530-0058-9
Erscheint am 26. April 2022

Ein Roman über die schlimmsten Seiten einer Gesellschaft und den Kampf einer jungen Frau für alle, die sie liebt

Jenny Tinghui Zhang
Fünf Leben
Aus dem amerikanischen Englisch
von Brigitte Jakobeit
Roman
Deutsche Erstausgabe
ca. 400 Seiten
Gebunden mit Lesebändchen
€ 22,– [D] / € 22,70 [A]
978-3-7530-0057-2
Erscheint am 24. Mai 2022

Eine junge Chinesin kämpft in den 1880er Jahren im amerikanischen Westen um ihren Platz im Leben

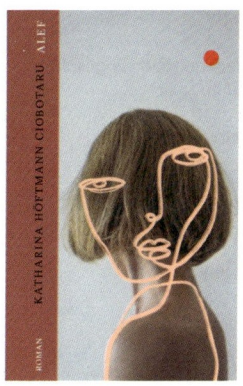

Katharina Höftmann Ciobotaru
Alef
Roman
Originalausgabe
416 Seiten
Gebunden mit Lesebändchen
€ 22,– [D] / € 22,70 [A]
978-3-7530-0000-8

Eine Geschichte von Schicksalsschlägen und Veränderungen, von Schuld und davon, was Liebe überwinden kann – und was nicht

Bianca Nawrath
Iss das jetzt, wenn du mich liebst
Roman
Originalausgabe
288 Seiten
Gebunden mit Lesebändchen
€ 20,– [D] / € 20,60 [A]
978-3-7530-0002-2

Ein Roman wie polnische Kluski:
reichhaltig, rund, von innen heraus wärmend

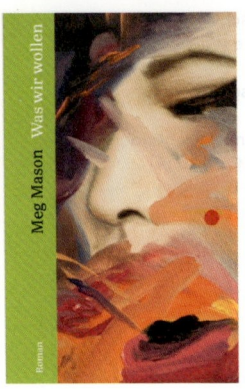

Meg Mason
Was wir wollen
Aus dem Englischen von
Yasemin Dinçer
Roman
Deutsche Erstausgabe
432 Seiten
Gebunden mit Lesebändchen
€ 22,– [D] / € 22,70 [A]
978-3-7530-0003-9

Eine Gratwanderung zwischen dunkelstem Humor, schmerzlicher Offenheit und großer Wärme

Katja Kettu
Die Unbezwingbare
Aus dem Finnischen von Angela Plöger
Roman
Deutsche Erstausgabe
336 Seiten
Gebunden mit Lesebändchen
€ 22,– [D] / € 22,70 [A]
978-3-7530-0001-5

Zwischen Traum und Wirklichkeit, wild und zugleich poetisch erzählt

Joyce Carol Oates
Blond
Aus dem amerikanischen Englisch
von Uda Strätling, Sabine Hedinger
und Karen Lauer
Roman
Überarbeitete Neuausgabe
1024 Seiten
Gebunden mit Lesebändchen
€ 26,– [D] / € 26,80 [A]
978-3-7530-0004-6

Ein eindrucksvolles Porträt der größten Hollywood-Legende des zwanzigsten Jahrhunderts: Marilyn Monroe

Über den Ecco Verlag

Unter dem Motto »Was wir lesen wollen« verlegen wir im Ecco Verlag ausschließlich Bücher von Frauen, deutschsprachige Stimmen ebenso wie internationale Debüts und etablierte Autorinnen.

Wir verlegen die Bücher, die in unseren Bücherregalen noch fehlen und die wir selbst lesen wollen. Die Autorinnen des Ecco Verlags und ihre Geschichten sind ganz unterschiedlich, doch sie eint, dass sie über Themen schreiben, die uns alle umtreiben, sei es Familie, Heimat oder Herkunft, Liebe oder Verlust und Trauer. Unser Programm darf, ja, soll auch gerne irritieren. Neben der konzeptuellen Klammer – Literatur von Frauen – unterstreicht auch unser einheitliches, modernes und hochwertiges Gestaltungskonzept die klare Programmlinie.

Dabei steht der deutsche Ecco Verlag in einer langen Tradition: 1971 gründete Daniel Halpern gemeinsam mit Drue Heinz die amerikanische Ecco Press. 1991 ging Heinz in den Ruhestand, Halpern dagegen leitete den Verlag fast fünfzig Jahre lang bis September 2020. Halpern entdeckte und förderte bei Ecco Autorinnen und Autoren wie Joyce Carol Oates, Charles Bukowski, Richard Ford und Amy Tan, zudem verlegte er jahrzehntelang die Literaturnobelpreisträgerin Louise Glück. Seit 1999 firmiert der Verlag unter dem Dach von HarperCollins und gilt bis heute als einer der renommiertesten Literaturverlage überhaupt.

eccoverlag.de

Platz nehmen! Rund um diese klösterliche Vorschrift und in tiefem Gegensatz dazu gruppieren sich Reproduktionen von Sindings und Vigelands verwegensten Konzeptionen, und in ungeordnetem Wirrwarr Dichter und Schauspieler und Kokotten, Botticelli-Madonnen und ihre eigenen Tanten. Neben der Ottomane hat sie ein kleines, freches Rauchtischchen, doch am Fenster steht ein großer Schreibtisch, an dem sie ständig Blusen modernisiert oder Röcke säumt oder Kragen bügelt – kurz und gut: Sie tut dort alles, bloß nicht schreiben. Zwischen den Fenstern hängt eine weitere kleine, denkwürdige Inschrift, die insbesondere morgens, wenn das ganze Zimmer ein einziges Chaos ist, einen leicht grotesken Eindruck macht: *Ordnung ist das halbe Leben.*

Eva hat ein Faible für solche Sprüche, ist mir aufgefallen, denn am Türpfosten im Flur steht in ihrer Handschrift mit blauer Kreide: *Nicht die Straße überqueren, wenn der Assessor zu hören oder zu sehen ist!*

An meine Wand habe ich das alte, gemütliche und unmoderne rote Sofa aus dem Wohnzimmer zu Hause gestellt, und außerdem habe ich noch ein paar Bilder aufgehängt. Zum Beispiel die Porträtfotos meiner Eltern in ovalen Rahmen, das von Papa umgeben von einem vergilbenden Doktorkranz hinter Glas. Armer Papa, der du dich geweigert hast, die neuesten Rechtschreibregeln umzusetzen, zu denen auch die Schreibweise von »Frau« gehörte; es war schon gut, dass du sterben durftest, bevor Frauen das Recht bekamen, Staatsämter zu bekleiden und das alles. Stell dir bloß vor, du hättest am Ende einen Rock ins Lehrerkollegium bekommen! Außerdem habe ich drei, vier Reproduktionen von Rembrandt, den ich bewundere und verehre: Hendrijke und Saskia, für die ich eine gewisse Sympathie hege, sowie zwei Selbstporträts, das eine aus Saskias Zeit, das andere aus Hendrijkes. Dann habe ich noch einen schönen und leidenschaftlichen Frauenkopf von Rossetti und einen Ausschnitt aus einer Zeitung: die Duse mit gesenktem Kopf und schmerzlich ausgebranntem Profil.

Im zweiten Zimmer mit der Tür direkt zu uns wohnen das jüngste und das älteste Mitglied der Truppe: Baby beziehungsweise Magnhild und Emmy, sie arbeiten bei den Vereinigten Gesellschaften, beide im selben Büro. Bevor ich mich mit Baby unterhielt, dachte ich, dass man ihre kleine Persönlichkeit aus den Gläsern mit Hyazinthenzwiebeln auf dem Fensterbrett ablesen konnte und aus der kleinen Schale mit Erde, in der sie Gras ausgesät hatte. Ihr gehört der großzügige Nähtisch am Fenster mit dem Nähkästchen und einem kleinen Tintenfass ohne Tinte darin. Auf dem untersten Regalbrett liegt ein zerlesener und vergötterter Heine, die Gedichtsammlung von

Oscar Levertin und Jenny Blicher-Clausens Roman *Violin*, der sich am Buchrücken schon auflöst. Auf dem Bett liegt ein Kissen mit einer Abbildung von Thorleif Allum auf grünem Satin, aber sie dreht es immer so, dass sein Gesicht nach unten zeigt. Tagsüber.

Emmy als Älteste sollte innerhalb der Truppe wohl die Erfahrenste sein. Aber ich glaube nicht, dass sie viel mehr vom Leben kennt als seine graue Arbeits- und Entbehrungsseite. Die Quintessenz von allem, was sie gelernt hat, hat sie in Gobelinstich auf dunkelgrünem Hintergrund auf einem Wandbehang über ihrem Bettsofa verewigt. Dort steht ganz lakonisch:

Lerne zu leiden, ohne zu klagen!

Ich machte Eva gegenüber eine Bemerkung dazu, und sie erzählte mit einem mitleidigen kleinen Lächeln, dass Emmy, seit sie zur Truppe gehört, immer wieder genau denselben Spruch als Wandbehang fabriziert. Gunhild, ehemaliges Mitglied der Truppe und eine ganz besonders gute Freundin von ihr, hatte einen als Geschenk zur Hochzeit bekommen. Verständlicherweise war sie einigermaßen entsetzt gewesen, aber Emmy hatte sie so angestrahlt und gehofft, dass er die Wand in der guten Stube schmücken würde.

Gestern war ich zum Abendessen bei meinem reichen Onkel in seinem Haus am Strandvägen eingeladen, und alle Familienmitglieder sagten: Arme Kleine, du kannst gerne immer kommen, dann kümmern wir uns um dich. Görel, meine Cousine, vertraute mir an, dass sie die Summe, die ich im Monat verdiene, allein für Parfums und Handschuhe und Schokolade ausgibt. Aber sie ist auch dick und schwer parfümiert. Als ich wieder ging, war ich trotz allem dankbar und froh, dass ich das Angebot meiner Tante nicht angenommen hatte, mir das Zimmer mit der Haushälterin zu teilen und im Gegenzug auf Görel aufzupassen und mit ihr rumzurennen, damit sie Kleider bei Jankes anprobieren kann. Als ich nach Hause kam, war alles dunkel und still, und wie ich das genoss, den Schlüssel in ein eigenes Schloss zu stecken und dort herumzulaufen und mich zu Hause zu fühlen!

Aber da kamen auch schon Baby und Emmy herein; Baby zwitscherte wie ein Vogel, und Emmy quietschte leise wie immer. Doch danach kam ein Wirbelwind namens Eva, munter, rotwangig und strahlend. Sie war kaum zur Tür herein, da stieß sie einen ihrer Schreckensschreie aus: »Oh Gott, das Petroleum!«

»Ich geh schon«, sagte Baby resigniert.

»Nein, kein Problem, ich hab ja noch meine Straßenkleidung an.«

Und dann wirbelte sie hinaus in die Küche, holte die Petroleumkanne und lief die Treppe hinunter.

Noch bevor ich die Streichhölzer ausfindig gemacht hatte, klingelte es.

»Ich musste mit der Nase auf den Klingelknopf drücken«, versicherte sie ganz ernsthaft, und wirklich hatte sie beide Hände voll. Die Petroleumkanne in der Rechten, eine Pilsflasche unter den Arm geklemmt und ein Paket Kerzen und eine weitere Pilsflasche in der Linken.

»Bist du so auf die Straße gegangen?«, fragte ich erschrocken.

»Ja, schon oft, aber nicht tagsüber. Es gibt einen Laden für uns arme Seelen unten am Eingang, wo wir alles Mögliche kaufen und wo sie im Großen und Ganzen ganz entgegenkommend sind, wenn man anschreiben lässt. Aber in schlechten Zeiten – zum Beispiel, wenn wir uns die Steuer im Schweiße unseres Angesichts verdienen müssen – passiert es ab und zu, dass wir am Monatsende etwas weiter gehen müssen. Ihr schuldet mir zwölfeinhalb Öre fürs Petroleum und die beiden Pils; was von beidem ihr in euch selbst oder in die Lampen gießen wollt, ist mir egal.«

»Mann, hast du es dir schön gemacht, Elisabeth! Das Vaterherz und Rembrandt! Aber du warst ja schon immer exklusiv.«

»Oh ja, in meiner Wahl der Eltern durchaus«, sagte ich. »Aber wollen wir nicht gleich mal ein bisschen was essen?«

»Wenn du was zu trinken willst, kannst du es sofort bekommen«, sagte Eva, und mit ihrer gewohnten Schnelligkeit nahm sie eine Flasche und goss mir ein Glas ein.

»Warum trinkt ihr nicht lieber Milch?«, fragte ich.

»Oh«, sagte Eva und verdrehte die Augen, »du hast noch viel zu lernen. Glaubst du, wir könnten einfach so Milch trinken? Die ist teuer und außerdem Mangelware, und manchmal kriegt man gar keine für sein Geld. Trink lieber, das ist gut gegen Übelkeit.«

Ich versicherte, dass ich keinerlei Symptome dieser Art verspürte.

»Wirklich nicht? Doch, ganz bestimmt«, sagte sie. »Es wird einem immer übel, wenn man nach Stockholm kommt, bis man sich daran gewöhnt hat. Du hättest mich vor vierzehn Tagen sehen sollen, als ich aus dem Urlaub zurückkam. Ich lief hier rum wie ein ausgenommener Hering und hab *geflucht* ...«

»Also, Eva, wirklich!«, sagte Magnhild.

»Doch, Baby, ich hab geflucht. Die Straßen ekelten mich an, ganz zu schweigen von diesen ganzen hässlichen Häusern. Ich dachte, ich muss mich auf den Odenplan stellen und mich übergeben! Und ich hätte am liebsten eine kleine Bombe unter die Bürotreppe gelegt. Aber jetzt hab ich mich dran gewöhnt. Jetzt finde ich, dass mein Büro das fröhlichste und gemütlichste Bestattungsbüro auf der Welt ist.«

»Ich hoffe, dass ich das eines Tages auch von meiner Anwaltskanzlei sagen kann!«, meinte ich.

»Ganz bestimmt kannst du das. Das Büroleben ist ein wollüstiges, langsam tötendes Gift. Du wirst sicher zufrieden sein mit deiner Welt. Nur in deinen besseren Momenten wirst du spüren, dass Mädchen nicht in ein Büro gehören, sondern verheiratet sein sollten, mit Kindern, mit denen sie auf den Wiesen um die Wette laufen, und dazu Küche und Webstuhl und auf keinen Fall Kultur! Und in solchen Augenblicken wird dir ganz anders, das kann ich dir garantieren.«

»Das ist mir egal, Eva«, erwiderte ich, »denn zwischen meinen besten Augenblicken liegt immer viel Zeit.«

Baby war in der Zwischenzeit in die Küche verschwunden, jetzt kam sie zurück, und das Entsetzen stand ihr ins Gesicht geschrieben.

»Wir haben keine Butter mehr«, flüsterte sie.

»Ich schon«, verkündete ich, und es war rührend zu sehen, wie sie sich freuten, als ich Butter und Brot und Eier vom Land auspackte. Wir hatten ein verschwenderisches Souper, die Stimmung schlug hohe Wellen, Baby holte sogar Levertin aus dem Regal und deklamierte zwischen den belegten Broten seine Verse. Dann löschten wir die Lichter, zündeten eine Kerze in der Hängelampe an und rauchten andächtig jede eine Zigarette.

Erst um zehn verebbten unsere Lachanfälle, und wir machten uns bettfertig.

Als wir eine Weile stumm dagelegen hatten, verkündete Baby feierlich:

»Jetzt geht die Oberklasse in den Opernkeller.«

Und dann schliefen wir ein.

3

9. OKTOBER

Danke, Sonntagmorgen! Man ist eine ganze Woche im Geschirr gegangen, und wenn man nicht bei der Arbeit war, hat man an sie *gedacht*. Büro, Büro – und: Hab ich jetzt daran gedacht und daran gedacht? Und manchmal bin ich nachts aufgewacht und hab gesagt: das Kassenbuch! Und in meinem Kopf hat die Schreibmaschine gerattert, die Finger haben sich im Takt mit meinen Gedanken bewegt und sie auf meiner Remington getippt.

Mein Chef ist zwar nett und hilfsbereit und sagt, dass ich ihn einfach fragen soll, wenn es irgendetwas gibt, was ich nicht selbst rauskriege. Aber ich will ihm ja nicht zeigen, dass ich so unbeholfen bin, wie ich bin.

Die Truppe lacht mich aus, weil ich nur Büro atme und rede. Sie meinen, von so was haben sie genug während der Bürozeiten, und wenn ich nicht bald angenehmer werde, müsse ich ausziehen. Am meisten verspottet werde ich dafür, dass ich morgens immer so pünktlich bin.

»So überaus pflichtbewusst waren wir auch, als wir noch neu waren«, sagt Eva.

Ja, und dann war die erste Woche um, und als ich am Samstagnachmittag um fünf den Kassenschrank zumachte und die Jalousie über meinem Schreibtisch herunterzog, dachte ich, dass ich mich jetzt bis Montagmorgen nicht mehr um die Arbeit schere.

Nachdem ich zu Abend gegessen hatte, ging ich Putte abholen, der auf Östermalm zusammen mit drei, vier anderen Schülern zur Untermiete bei einer Witwe wohnt. Ich ließ mich von ihm zum Besuch zweier verschiedener Kinos und einer Konditorei überreden, wanderte dann mit ihm nach Hause und setzte ihn vor sein Übungsbuch. Dann planschte ich durch den Nieselregen mit nassem Rocksaum todmüde nach Hause, als gerade alle anderen in die Theater strömten. Aber für mich hieß es, in unserem kleinen Lädchen Vorräte für den Sonntag einkaufen und mich zu guter Letzt die Treppen hochschleppen.

Zu Hause war alles totenstill, erst als ich ins innere Zimmer ging, um Streichhölzer zu holen, entdeckte ich ein Bündel auf dem Sofa. Als ich näher hinging und es anleuchtete, merkte ich, dass es Emmy war – völlig erledigt, leblos, seelenlos, nicht ansprechbar, und ich war fürchterlich erschrocken.

Sie ist am Ende, dachte ich, sie kann bestimmt nie wieder arbeiten, was sollen wir mit ihr machen?

Ich wartete und wartete, aber niemand kam. Ich stand am Fenster und sah, wie in allen Fenstern in der Burg ein Licht nach dem anderen anging, sodass das Haus am Ende aussah wie das kleine Schloss, das wir zu Hause hatten, in das wir Kerzen stellten, sodass es überall durch die kleinen Öffnungen leuchtete. Im Stockwerk gegenüber brannten ein Feuer und eine Lampe mit rotem Schirm. Dort hatten sie ein richtiges Familienleben, mit einem alten Herrn und einer alten Dame und etwas, was aussah wie Enkelkinder, um einen Tisch mit Äpfeln und Nüssen. Es war, als wäre ich in einem dunklen Zuschauerraum und würde eine Handlung auf einer beleuchteten Bühne verfolgen. Handlung gab es freilich nicht viel, aber die Wärme und die Stimmung waren quer über den Hof zu spüren. Mein Herz rief völlig grundlos nach jemandem, an den ich sonst nie denke, aber von dem ich einmal gehofft hatte, dass wir zusammen Enkelkinder haben würden.

Das war sehr dumm von mir, aber das kam davon, dass ihre Lampe ganz genauso aussah wie die, die wir gehabt hätten und die jeden Abend ihren stillen, roten Schein auf unser stilles, heiliges Glück geworfen hätte.

Als ich so weit gekommen war, zog ich meinen Vorhang vor und dachte:

Das ist ja alles schön und grün, aber *ich* habe dafür *die große Freiheit*. Und im tiefsten Inneren meines Herzens verabscheute ich sie, so wie es frauliche Frauen tun, wenn sie sie haben.

Gott sei Dank kamen in dem Moment die anderen Mädels, und die heilige Stille war durchbrochen.

»Wo haben wir denn unsere Pflichtbewusste?« (Damit war ich gemeint.) »Licht in den elektrischen Petroleumlampen! Jetzt wird Sabbat gefeiert! Ich hab auf dem Hötorget Blumen für fünfzig Öre gekauft.«

»Pscht!«, machte ich. »Emmy geht's nicht gut. Sie liegt auf dem Sofa wie ein Bündel, und ich hab sie nicht wach gekriegt.«

»Ach, du kennst unsere Gewohnheiten noch nicht! Sie ist marode von der Arbeitswoche. Das ist alles. Die kann man schon noch ein paarmal aufziehen. Sie hat mehr Kräfte, als du glaubst, um sie auf dem Altar der Vereinigten Gesellschaften zu opfern. Stimmt doch, Emmy, oder?«

»Das ist nur, weil man es aushalten *muss*«, erwiderte Emmy. »Wenn man Pension beziehen würde, wäre man schon lange tot.«

»Emmy redet immer vom Müssen«, sagte Baby, »aber ich für meinen Teil warte immer auf irgendetwas Lustiges, was mich von den Vereinigten Gesellschaften wegholt. Wenn ich den Trost nicht hätte, würde ich vergehen.«

»Ich habe nur den Tod zu erwarten!«, antwortete Emmy und drehte sich zur Wand.

»Na komm, Baby!«, sagte Eva. »Ihr tut sicher wieder der Rücken weh. Nimm doch Levertin mit!«

»Baby«, begann ich. »Wie viel Lohn kriegst du?«

»Fünfundsechzig. Wieso?«

»Und wie lange arbeitest du schon für die Gesellschaften?«

»Ein knappes Jahr. Aber komm mir bloß nicht mit Lohnerhöhung! Letztes Frühjahr hab ich einmal um eine gebeten, weil ich von fünfundsechzig nicht leben konnte.«

»Und?«

»Tja, der Chef antwortete so ungefähr: Sie wissen schon, Fräulein, dass wir hier nicht bei der Wohlfahrt sind. Und sie hätten auch bessere Mädchen mit Vätern im Dienst der Firma, die ihre Töchter mit aufgeräumten Zimmern und drei warmen Mahlzeiten am Tag versorgen.«

»Ist das wirklich der Sinn der Sache«, sagte ich, »dass der Lohn für Parfums und Handschuhe und Suchard-Schokolade ausgegeben wird?«

»Ja«, erwiderte Eva. »Aber Baby, du kannst gerne drüber sprechen. Ihr werdet ja bis Neujahr streiken, wenn ihr nicht alle eine Erhöhung kriegt. Ist das nicht toll, Elisabeth?«

»Das klingt so seltsam«, sagte ich, »Gebildete Mädchen streiken doch nie.«

»Doch, tun sie wohl!«, sagte Eva. »Aber das ist die neue Zeit, die jetzt anbricht.«

Und wir redeten den ganzen Abend von nichts anderem als dem Streik und den Aussichten für den Streik und für unsere Stellung.

Eva war Feuer und Flamme für den Plan mit dem Streik, und sie glaubt fest an seinen Erfolg. Baby ist ein bisschen weniger enthusiastisch. Sie läuft ja herum in der Hoffnung, dass irgendetwas Lustiges sie aus den Vereinigten Gesellschaften und dem ganzen Büroleben herausholt. Und dann schert sie sich einen Dreck, wie es ihren Kolleginnen ergeht, denn solche sind wir ja.

Es wurde nicht so vergnügt am Samstagabend wie sonst, dank Emmy. Nur ein kleiner, vorsichtiger Bostonwalzer, bevor wir ins Bett gingen.

Aber diese rote Lampe gegenüber hatte mir gar nicht gutgetan. Ich konnte nicht schlafen, ich lag stundenlang wach und wanderte zunehmend beklommen über alte ausgetretene und bittere Gedankenwege, weit weg von der Norrtullsgatan und dem Büro und meinem Chef und der Remington.

Aber dann, dann war der Sonntagmorgen da! Und die Morgensonne schien durch die Fenster, und das Glockengeläute von der Vasakyrkan tönte herüber. Und ich lag da und döste vor mich hin, müde und glücklich, als hätte eine Qual aufgehört.

Auf einmal hörte ich Eva:

»Die Jüngste muss aufstehen und Kaffee kochen!«

Und Magnhild jammerte:

»Ich kann doch heute nicht schon wieder die Jüngste sein! Ich war erst letzten Sonntag die Jüngste.«

Woraufhin ich einen geheuchelten Versuch machte aufzustehen, aber mit einem »Versuch es bloß nicht!« angeschnauzt wurde und zusehen durfte, wie Magnhild an der Tür vorbeiflatterte, im Nachthemd und mit geflochtenem Zopf. Und nach meinen düsteren nächtlichen Gedanken einfach nur dazuliegen, keinen Finger zu rühren und dem fröhlichen Geklapper der Tassen in der Küche zuzuhören und zu riechen, wie sich der Duft von frischem Kaffee bis in unser Zimmer ausbreitet, war ein echter, vielleicht etwas kindischer, aber eindeutiger Genuss.

Kurz danach saßen wir wie vier weiße Tauben um den Tisch und tranken Kaffee bis zum Sodbrennen und priesen die Götter. Das war der Gottesdienst unserer Truppe, und um halb zwölf waren wir angezogen.

Kurz danach kommt mein kleiner Liebling Putte und will seine große Schwester Pegg mitnehmen in den Sportpark. Eva und Emmy verschwinden ebenfalls, jede in eine andere Richtung, aber Baby, die heute Abend tatsächlich eingeladen ist, bleibt zu Hause und versucht eine Seidenbluse zu flicken.

»Und stell dir vor«, erzählt sie mir, als ich heimkomme, »ich hab ein richtiges kleines Abenteuer erlebt. Als ihr alle gegangen wart, klingelte das Telefon, und jemand fragte nach der Mutter des Assessors. Die ist nicht zu Hause, antwortete ich, und da erklärte die Stimme, dass er der Assessor selbst sei und dass er seine Schlüssel vergessen habe und um Hilfe bitten müsse, um hereinzukommen. Ich versprach, auf die Tür zu achten, und kurz danach durfte ich ihn hereinlassen. Er stellte sich sehr feierlich vor, was ich ziemlich lächerlich fand nach all den Malen, die ich ihm schon auf dem Korridor begegnet bin, im Morgenrock und mit Nachtzopf. Er bedankte sich höchst umständlich, und weißt du, er ist richtig liebenswert und zugänglich. Außerdem ist er nicht so rot im Gesicht wie die ganzen anderen, die immer zu viel Punsch trinken.«

Nein, aber der ist blass aus anderen Gründen, denke ich insgeheim.

»Er hat mich gefragt, ob ich gar nicht ausgehe an so einem schönen Samstagvormittag. Und er hoffte, dass wir uns irgendwann mal Gesellschaft leisten könnten.«

»Ist dies das erste Mal, dass ein Herr von deiner Existenz Notiz nimmt, Baby?«, fragte ich. »Wie alt bist du?«

»Achtzehn Jahre, Pegg, aber ich habe die ganze Zeit in Halmstad gewohnt.«

Ich legte ihr die Hand auf ihren Krauskopf und sprach eine Art kleines Gebet für sie.

4

16. OKTOBER

Nach Sonntag wird gerne mal Montag, sagt Eva.

Es ist ungefähr acht Uhr, aber bis jetzt hat sich niemand gerührt. Es wird zehn nach, und man hört ein Stöhnen aus Emmys und Magnhilds Schlafgemach.

Es ist die Tragödie des Montagmorgens, die ihren Anfang nimmt. Der Seufzer der einen löst den der andern ab, die der einen erklärt, dass sie unglücklich ist, weil sie so lange liegen bleibt, die andere verkündet, dass sie wahnsinnig ist, aber immer noch rührt sich keine.

»Lernt zu leiden, ohne zu klagen, Mädchen!«, sage ich und stehe mit einem Ruck aus dem Bett auf.

Die anderen folgen, aber das ist der einzige Moment am Tag, an dem Eva in gefährlicher Stimmung ist. So geht es jeden Tag, immer dasselbe brutale und viel zu frühe Losreißen von der Bettruhe, dieselben Klagelaute und Eile und dann im Galopp ins Büro. Ich bin erst seit zwei Wochen dabei, aber habe das Gefühl, Jahre desselben einförmigen Daseins hinter mir zu haben. Wenn ich ein paar Jahre dabei bin, werde ich wahrscheinlich das Gefühl haben, dass nur eine Woche vergangen ist.

Ich glaube, dass die Herren im Büro nichts gegen mich persönlich haben, sondern dass sie meine Anwesenheit aus Prinzip missbilligen. Mein Chef selbst hat, glaube ich, keine besonderen Prinzipien in Frauenfragen, die löst er für sich selbst einfach und effektiv, heißt es. Doch die zwei jungen Juristen haben umso mehr. Heute gerieten wir in einen grässlichen Streit, als der Chef gerade frühstückte. Es ging, wie es immer geht: Ich wurde zum Schweigen gebracht, aber nicht überzeugt.

Es ging um das Recht für uns Frauen, dass wir arbeiten dürfen – eigentlich unglaublich, dass man in unseren Tagen über so eine Angelegenheit streiten muss!

Aber beide jungen Herren – sehr junge, nebenbei bemerkt – waren fest überzeugt, dass wir nichts auf dem Arbeitsmarkt zu suchen hätten und dort nie etwas anderes gemacht hätten als Ärger. Unsere Anwesenheit sei der Grund für die sinkende Zahl der Eheschließungen. Wir nähmen den Männern ja vorsätzlich das Brot aus dem Mund.

»Was sollen wir denn sonst machen, eurer Meinung nach?«, fragte ich. »Nicht arbeiten gehen?«

»Natürlich!«

»Würde es ohne uns genauso gut gehen?«

»Viel besser.«

»Wenn wir jetzt alle auf einmal unsere Arbeit niederlegen würden, könntet ihr dann unsere Stellen einnehmen und sowohl eure als auch unsere Arbeit schaffen?«

»Ja, das wäre doch ganz einfach.«

»Und was sollten wir tun? Verhungern?«

»Nein, ihr würdet versorgt werden.«

»Von euch?«

»Ja, wir haben ja unsere Familien …«

»Ich habe keine Familie«, sagte ich, »und ich bin arm und habe einen kleinen Bruder. Ich muss arbeiten und nehmen, was ich kriegen kann. In meinem Fall sind eure Prinzipien ebenso leer wie bedeutungslos.«

Ich weinte überhaupt nicht, obwohl ich sehr gut hätte weinen können, und dann kam der Chef dazu.

Zu Mittag, als ich mich im Flur anzog, trat Rechtsanwalt Tyrén zu mir.

»Es tut mir leid, wenn Sie gekränkt sind«, sagte er.

»Wirklich?«, fragte ich. »Aber damit müssen Sie sich doch nicht Ihr Mittagessen verderben.«

»Wir haben wohl beim Frühstück etwas gesagt, was Sie gekränkt hat.«

»Wenn Sie sagen, dass Sie etwas gesagt haben mit der Absicht, mich zu kränken, trifft es die Sache eher«, entgegnete ich, ohne mich zu ihm umzudrehen. »Und ich habe mir mühsam beibringen müssen, solche Dinge nicht an mich ranzulassen. Mahlzeit.«

Nun hoffe ich, dass er es nicht allzu bald wieder bei mir versucht. Er sieht eigentlich aus wie ein ganz netter Kerl, und dass er so eine rücksichtslose Ansicht zu Frauen hat, scheint nicht seine Schuld zu sein, denn die haben alle Männer. Ich habe nur einen kennengelernt, der meinen Wert als Mensch geschätzt hat, und der hat es im Grunde auch nicht getan.

Baby kommt immer gleichzeitig mit mir zum Essen in die Haushaltsschule, aber heute blieb sie weg, und ich musste alleine essen. Das Vieh wird an kleinen Tischen abgefüttert, und es ist so voll, dass immer ein paar hungrige Tiere dastehen und auf einen Platz warten. Oft sieht man Cliquen, aber genauso oft Einzelgängerinnen, so wie mich, und alle sitzen wir da und versuchen einander zu studieren, während wir auf unser Meerrettichfleisch warten. Junge und Alte, in der Mehrzahl Frauen und meistens alte. Sie sind tragikomische Zukunftsvisionen eines lächerlichen Alters ohne jede Würde und gleichermaßen abstoßend, wenn sie entweder eine ausgeblichene und dürftige Genügsamkeit ausstrahlen, sobald ihnen ihre Kohlrouladen hingestellt werden, oder wenn sie kleinkariert und nörgelig mit den Zähnen knirschen bei ebendiesem Anblick. Wenn ich mal alt werde und keine Familie und keine Kinder habe, die sich um mich kümmern können, werde ich mir mein Essen im Kachelofen kochen und erst in der Dämmerung vor die Tür gehen. Ich muss daran denken, was Putte gestern zum Thema Alter gesagt hat:

»Hör mal, Pegg, es wär echt toll, wenn du bald heiraten würdest.«

»Meinst du nicht, dass ich noch ein bisschen warten kann?«, fragte ich erstaunt.

»Eher nicht, Pegg, dann wirst du keinen mehr abbekommen.«

»Wo hast du das denn her?«

»Das haben die Jungs am Samstag gesagt, als du bei mir oben gewesen bist. Aber sie haben nicht geglaubt, dass du das schaffen würdest, denn man kann einen Mann nicht so gut halten, wenn man nicht gerade stapelweise Kohle rumliegen hat.«

»Wenn man ... was?«

»Wenn man kein Mädel mit einer Menge Geld ist, verstehst du?«

Putte, Putte! Kindermund tut Wahrheit kund.

Ich glaube, die Truppe weiß, dass ich zu Anfang gearbeitet habe wie ein Schwein, wie Eva es mir vorhergesagt hatte. Niemand sagt etwas, aber sie sind alle so nett zu mir. Am Abend, als ich heimkam, saß Eva auf dem Boden mit einem Gedichtband von Gustaf Fröding in der Hand und bewachte den Spirituskocher. Es sollte einen Extrakaffee geben, und ich glaube, das war ein bisschen meinetwegen. So sieht praktischer Kommunismus aus. Alles, was mein ist, gehört auch der Truppe und umgekehrt, und wenn eine von uns zufällig mal gut bei Kasse ist, hilft sie den anderen mit Freuden aus – wenn die nicht gerade selbst etwas auf der hohen Kante haben. Und das haben sie im Allgemeinen nicht. Wir sind arm, aber stolz.

»Lass uns ein bisschen schlecht über unsere Nächsten reden«, sagte Eva, als der Kaffee fertig war.

»Nein«, sagte ich, »lass uns lieber über unsere Chefs reden. Wie ist es bei deinem, Eva, ist der nicht auch …?«

»Verliebt in mich? Na klar! Das ist so eine Eigenheit bei allen meinen Chefs. Ich habe in allen möglichen Büros gearbeitet, aber fast überall war jemand, der gerne besondere Zuwendung haben wollte. Also hab ich diese

Stelle im Bestattungsinstitut angenommen, denn ich hatte mir gedacht, dass in der ständigen Gegenwart des Todes ... Aber dieser ist tatsächlich der Schlimmste von allen«, befand Eva, um dann fortzufahren: »Wenn ich daran zurückdenke, was ich in der Hinsicht alles mitgemacht habe, fällt mir mein armer, alter Vater ein, der mich letzten Sommer nicht ohne Anstandswauwau mit einem alten Jugendfreund auf ein Kirchenkonzert zu Hause in Linköping gehen lassen wollte – Händels *Largo* und so weiter, wenn du verstehst –, ja, weißt du, da hätte ich gleichzeitig lachen und weinen können. Und als wir im Automatenrestaurant der Stadt soupierten – belegte Brote und Milch –, inspirierte ihn dieses Unternehmen zu einem kleinen Vortrag über die Sittlichkeitsfrage. Mein armer, kleiner Papa, wenn du nur ahnen würdest!«

»Ist er nie hier oben?«, fragte ich.

»Doch, einmal, letztes Frühjahr. Da besuchte er meinen Chef, um sich zu erkundigen, wie ›sich meine Tochter so macht‹, und den widerlichen Greis zu bitten, sozusagen Vaterstelle an mir zu vertreten.

Und mein Chef blieb ganz ernst und sagte Papa, er könne ganz beruhigt sein, er kenne sehr wohl seine Pflichten im Umgang mit den jungen Mädchen, die er beschäftige.

Aber am nächsten Tag hatte ich einen neuen und willkommenen Grund, ihm auf dem Flur eine Ohrfeige zu geben. Was für eine drollige Landeiattitüde du hier zeigst, Elisabeth! Aber wart's nur ab, du wirst das schon auch noch spüren. Du bist schließlich die Schönheit in unserer Truppe.«

Und dann griff sie nach dem Akkordeon und sang, dass es nur so schallte:

»Alle haben wir Schulden, alle haben wir Schulden,
  keine hat noch ihre Unschuld.«

»Also wirklich, *Eva!*«, sagte Emmy streng.
  »Oh«, sagte Eva, »dich hatte ich jetzt ganz vergessen.«
  »Und Baby«, sagte ich versuchsweise.
  »Hast du gesehen, was Baby vorhat?«, fragte sie zurück. »Sie ist vor einer halben Stunde heimgekommen und hat sich in die Küche geschlichen, und ich bin ganz sicher, dass sie in aller Stille daran arbeitet, die schlimmste Schmiere von ihren Schuhen und Röcken abzukriegen. Es ist ihr bis gestern noch nie passiert, aber sie sahen aus wie der Lehmklumpen, aus dem unser Herr einst Adam erschuf. Kannst du dir erklären, warum Liebespaare immer auf Wegen gehen, in denen sie bis über die Galoschen einsinken?«

»Ist es der Assessor?«

»Ja, und der Spazierweg im Djurgården.«

Doch hatte Eva wirklich recht, dass ich etwas ganz Neues spüren würde?

Kann es etwas anderes sein als das alte Lied mit neuem Text?

5

20. OKTOBER

Gestern hatte Baby Geburtstag, und obwohl er so unpassend am Monatsende lag, hatte sie ein halbes Dutzend ihrer besten Freundinnen von den V. G. zum Kaffeeklatsch eingeladen. Die Truppe hatte für einen Regenschirm mit roten Rosen auf der Borte zusammengelegt, und ich schrieb noch einen Vers dazu, bei dem ich krampfhaft nach einem Wort suchen musste, dass sich auf »Assessor« reimte. Aber sie trug den ganzen Tag eine Rose an der Schärpe und einen glücklichen Glanz in den Augen, und beides hatte sie ihm zu verdanken.

Wir hatten ganz schön zu tun mit den Vorbereitungen. Baby und ich schaufelten ein paar Köttbullar aus dem Automatenrestaurant in der Vasagatan, und dann liefen wir noch in die Bäckerläden und Obstgeschäfte, um direkt im Anschluss die Treppen hochzurennen. Auf halbem Wege begegnete uns Eva, die früher Schluss hatte, mit zwei großen Pillengläsern in der Hand, in denen fünfhundert Blaudsche Eisenpillen gewesen waren, und sie erklärte, dass sie Sahne aus dem Laden holen wolle. Doch sie versicherte uns, dass sie die Gläser vorher gründlich mit warmem Wasser ausgespült habe.

Als wir hochkamen, stolperten wir über Emmy, die gerade den Boden im Flur putzte, angetan mit einem Kneifer. Eva hatte schon Blumen in die Vasen gestellt, und dann deckten wir den Tisch, so fein wir konnten, auch wenn wir selbst aus Blumenvasen trinken mussten, und wir hatten auch nicht genug Löffel für alle Gäste. Als Brotkorb musste ein umgedrehter Lampenschirm herhalten, in den wir eine Serviette gelegt hatten, doch Eva meinte, die Gäste müssten sich eben mit den Gegebenheiten abfinden. Wenn man das Ganze dann auch noch als Boheme-Leben verkauft, dann wird es sofort feiner als Kristallschalen.

Insgeheim hatte ich etwas Manschetten vor Babys Feier gehabt, denn ein halbes Dutzend Damen (oder mehr) ganz ohne Männer, das würde mir normalerweise ziemlich bedrückend vorkommen. Aber die Sorge war in diesem Fall unbegründet. Es war natürlich der reinste Orkan, als sie alle sechs heraufgestürmt kamen und der Schaum der donnernden Brandung sich an Baby brach, aber sie waren allesamt entzückend und schlicht und fröhlich, und nur ein paar schienen rechte Frauenzimmer zu sein. Manchmal musste ich Abstand halten, um meine Ohren etwas auszuruhen, aber im Großen und Ganzen lief alles wunderbar.

Baby war niedlich als Gastgeberin, mit ihrem schönen blonden Haar, ihren weichen, rosigen Wangen und ihrer kleinen Weiße-Schürze-Häuslichkeit. Und alle sagten:

»Du solltest verheiratet sein, Baby, so was steht dir viel besser als die Arbeit bei den V. G.«

»Ja, aber meint ihr denn, ich kriege den, den ich haben will?«, fragte Baby, ganz so, als könnten wir in den Assessor und in die Zukunft schauen.

»Nein, Baby«, sagte ich, »man kriegt nie den, den man haben will, aber man kann vielleicht den kriegen, den eine andere haben will, und das ist genauso gut, fast noch besser.«

Davon ging das Gespräch fließend über zu den Herren bei den V. G., und da musste ich kurz in die Küche gehen, um einen Topf Wasser für den Abwasch aufzusetzen.

Dort besuchte mich eine von Babys Gästen, eine Große, Knochige, älter als die meisten, die ihre Wahl getroffen hatte und humoristisch geworden war, auch deswegen hatte Baby sie eingeladen.

»Sie ist von uns allen am sozialsten interessiert«, hatte Baby mir erklärt, »und schimpft immer mit uns, weil wir keine allgemeinen Interessen haben. Sie sagt, dass man fürs Stimmrecht erst eine gewisse Reife haben muss, aber die war wohl nie jung und so.« (Mit »und so« meint Baby die Liebe.)

Baby glaubt, dass das Soziale mit den Jahren kommt, und ich sage, es wäre gut, wenn es so wäre, denn dann könne man für sie ja auch noch hoffen. Nein, ich habe vor zu heiraten!, antwortet Baby, und das findet sie logisch, was es ja auch ist.

»Sie mögen das sicher auch nicht«, sagte die Humoristin, »zuzuhören, wie die da drinnen Unsinn reden.«

»Vielleicht nicht«, sagte ich, »aber wenn Sie mir beim Abtrocknen helfen würden, wäre ich Ihnen sehr zu Dank verpflichtet. Dann überlassen wir sie eine Weile ihrem Schicksal.«

»Man kann die Massen nicht einfach ihrem Schicksal überlassen«, sagte sie. »Sie müssen unterrichtet werden. Ja, die haben mich natürlich schon angekündigt als diejenige, die nicht nur sozial interessiert ist, sondern auch an den Nachwirkungen einer unglücklichen Liebe leidet. Also wissen Sie auch, dass ich es bin, die nachdrücklich für Zusammenhalt und einen Streik zu Neujahr plädiert. Können Sie etwas unerhört Musikalisches bewerkstelligen?«

»Ja, auf dem Akkordeon.«

»Hätten Sie etwas dagegen, ein kleines Lied anzustimmen, und dann könnte ich ein paar Worte sagen, das passt so gut hier, in einem kleinen, ausgewählten und verlässlichen Kreis.«

Ja, dazu war ich bereit, wir zwangen die anderen mit einem Arbeiterlied zum Schweigen, woraufhin die Humoristische auf einen Stuhl stieg und sprach:

»Ja, meine lieben Mädchen, hier sitzen wir jetzt und plappern über unsere Kassierer und Ingenieure.«

Jemand flüsterte ironisch: »Die sind mir zu sauer, sagte der Fuchs über die Trauben.«

»Die Trauben sind in der Tat sauer«, unterbrach sie trocken, »und doch, ich *habe* sie gekostet. Aber euch vorzustellen, dass ihr eure Stellung ernsthaft durch eine Ehe oder andere Lotterien verbessert, das wollt ihr nicht. Ihr habt kein Gemeinschaftsgefühl, nein, und kein Gefühl für eure eigene *Würde*. Ihr regt euch nicht auf über die Ungerechtigkeit, die man uns antut, indem man uns ungefähr die Hälfte des Lohnes für dieselbe Arbeit bezahlt, nein, nicht dieselbe, denn wir schaffen bei Gott viel *mehr*. *(Du redest doch Unsinn, denk an Kassierer Svensson – ach was, Svensson – und so weiter.)* Das ist Leichtsinn, versteht ihr *(Faust auf den Tisch)*, und es geschieht euch recht, dass es euch so geht, wie es euch geht. Aber auf jeden Fall kann ich mir nicht den Versuch verkneifen, euch ein bisschen Vernunft einzupflanzen. Zu Neujahr werden wir uns einigen, auf einen Schlag zweihundert Kronen mehr zu verlangen und eine Arbeitszeitverkürzung um eine Stunde. *(Du bist wahnsinnig, wenn du glaubst, dass das geht, der Direktor wirft uns doch raus ...)* Ob das geht, sagt ihr, nein, es geht natürlich nicht, und deswegen treten wir eben in Streik! *(Wovon sollen wir dann leben? Von unseren Ersparnissen vielleicht?)* Ja«, fuhr sie fort, ohne sich stören zu lassen, »von unseren Ersparnissen, und dann appellieren wir an alle anderen Sekretärinnen und bitten sie, uns zu helfen. Es wird gehen, wenn wir zusammenhalten! Aber niemand darf uns verraten!«

Und damit stieg sie wieder vom Stuhl herunter.

Aber jetzt waren die anderen auf den Geschmack gekommen, und nach fünf leichtfertigen Minuten war ein Streikverband gegründet, mit der Humoristischen als Vorsitzenden, und jede von uns zahlte eine Krone in die Streikkasse. Als Emmy an der Reihe war, zog sie sich zurück und wollte lieber noch mal drüber nachdenken.

»Ich finde, es geht uns eigentlich ganz gut gerade«, murmelte sie, »und den Rest hab ich nicht so richtig mitbekommen, ihr habt ja alle auf einmal geredet. *Und außerdem ist doch ein Ende in Sicht.*«

Wenig später gingen sie, und als wir genau in uns hineinhorchten, merkten wir, dass wir alle todmüde waren. Aber wir schrien uns trotzdem den ganzen Abend weiter an, als müssten wir die Niagarafälle übertönen.

6

Baby und ich gehen am Abend spazieren. Eigentlich wollte Baby gar nicht mit mir kommen, doch der Assessor hat Nachtwache. Der berühmte Novembernebel liegt über der Stadt wie gestern und überhaupt alle Tage. Es ist nicht dieser dichte, zähe, undurchdringliche, der den Gang durch die Straßen zu einem Abenteuer mit immer neuen Überraschungen macht, sondern ein älterer, schlaffer, sentimentaler Nebel, in dem jedenfalls kein Blumentopf zu gewinnen ist. Diese Seuche schleicht sich anmutig und geschmeidig am Stiefelschaft empor, um dann spielerisch in kleinen Tröpfchen weiter den Rocksaum hochzuklettern, bis zu dem, was noch darüber ist, und man wird ganz müde und schwer – es sei denn natürlich, man ist verliebt, so wie Baby.

Baby ist entzückend, aber das weiß sie nicht. Wir anderen laufen um diese Tageszeit mit erschlafften Locken und krummen Rücken herum, während sie noch genauso voller Locken und Spannkraft ist wie am Morgen.

Sie hakt sich bei mir unter und spricht, unterbrochen nur von den besseren Schaufenstern, über den Assessor. Er flirtet zielstrebig mit ihr und hat das Herz meines Lieblings erobert. Während sie spricht, frage ich mich den ganzen Weg am Museumskai entlang, wie das enden soll. Ich merke schon, dass sie an drei Zimmer mit Küche und Bad in Vasastan glaubt, und ich bringe es nicht übers Herz, ihr zu sagen, dass ich meine Zweifel habe. Je älter ich werde, umso leichter ist es, Sachen zu wissen und nicht zu sagen, ich muss meine Erfahrungen niemandem aufdrängen. Aber ich muss im Nebel ein bisschen still und müde in mich hineinlächeln, weil ich in Baby mich selbst wiedererkenne, die ich auch einmal rumlief und mich nicht genierte, ausführlich und verliebt von meiner ersten Liebe zu erzählen. Er war bloß kein Assessor, und dieser hier trägt die geschmackvolleren Schals, aber einen anderen Unterschied sehe ich nicht.

Ich finde bei Baby, genauso wie früher bei mir selbst, einen unberührten und intakten Schatz von Zärtlichkeit, gemischt mit einer etwas mystischen Andacht, wie bei einer kleinen Heiligen, die noch nicht weiß, was in ihrer Seele und ihrem Körper schlummert. Wenn ich dann daran denke, wie es mit alldem weitergeht, regt sich Ekel in meinem Herzen. Während ich nie sentimental werde, wenn es um mich geht, werde ich es bei Baby schon noch. Denn sie ist ein bisschen zu gut für einen Groschenroman und einen Flirt unter hundert anderen.

An der Brücke nach Skeppsholmen blieben wir stehen und sahen die verträumt-verschwommenen Lichter auf Södermalm wie durch einen dünnen Schleier. Dann drehten wir um, und ich wurde immer müder und müder. Am Kungsträdgården lud ich sie auf eine Straßenbahnfahrt mit Umsteigen ein – ein Verstoß gegen meine Prinzipien, aber der Rückweg zur Norrtullsgatan ist so weit, und es geht die ganze Zeit bergauf.

Im Waggon trafen wir eine von Babys Kolleginnen aus den V. G. – wie immer in der Straßenbahn –, und die nahmen wir mit in die Höhle der Truppe. Die übrigens ein Versammlungsort für unsere heimatlosen Freunde geworden ist, darunter ein Liebespaar, das Eva hergebracht und unter ihren Schutz genommen hat, und es ist immer meine heimliche Angst, wenn ich den Weg nach Hause einschlage, dass sie bei uns sind, denn dann gibt es gar keine Diskussion, dann müssen wir in der

Küche bleiben. Aber der Vorteil ist der, sagt Eva, wenn ich darüber meckere, dass wir nicht so viel zu heizen brauchen, weil die »Luft heiß ist von Küssen«, wenn die beiden wieder gehen.

Heute waren auch richtig viele Leute da, die Männer waren Gott sei Dank schon gegangen, aber das Mädchen sollte noch ein Weilchen dableiben, um Kräfte zu sammeln, damit sie der Wirtin, bei der sie zur Untermiete wohnte, in die Augen schauen konnte.

Emmy lag krank im Bett und sah wieder einmal aus wie der Tod selbst, aber ich machte mir nicht mehr die Mühe zu erschrecken, denn ich weiß ja, dass sie am nächsten Morgen von uns allen als Erste angezogen und fertig fürs Büro ist.

Eva knetete irgendetwas, was ein Winterhut werden sollte, wie sie behauptete, doch als wir kamen, sprang sie auf und bestand darauf, dass wir ein Feuer machen und Gedanken austauschen sollten.

»Wir haben aber weder Brennholz noch Gedanken!«, wandte ich ein.

»Ich habe Selbstmordgedanken – zählt das auch?«, sagte unser zuletzt eingetroffener Gast und ließ sich auf Emmys Ottomane plumpsen.

»Läufst du wieder durch die Stadt und schaust dir Zimmer an, arme Gerda?«, fragte Baby.

»Nein!«, sagte Gerda. »Ich laufe rum und rieche nach Untermieterin, das ist viel schlimmer. Ich will nicht mehr alleine wohnen ...«

»Weil du findest, dass es zu viele Versuchungen mit sich bringt?«

»Nein!«, erwiderte sie. »Es bringt viel zu wenig Versuchungen mit sich. Und deswegen werde ich zum ersten Dezember umziehen. Aber wo ich meinen Kopf nächsten Monat bette, weiß ich noch nicht.«

»Geliebte mein, bette leise dein Haupt neben mein Herz ...«

Baby deklamiert voller Pathos ein Levertin-Gedicht.

»Wisst ihr, Mädels!«, rief Gerda ganz ungeniert, »da muss was unternommen werden! Die Untermietpreise in Stockholm sind bestimmt kalkuliert für Mädchen mit Nebeneinkünften. Ich bin an so vielen Stellen gewesen, allein heute waren es ein, zwei, drei. Jetzt hört mal gut zu ... Zigarette? Zu freundlich, Fräulein Elisabeth! Beim ersten Zimmer kam ein schmutziges, nach Bier stinkendes Wesen auf mich zu, und im Hintergrund wurde eine Tür geöffnet und ließ einen Schrei und Gelächter und die fröhliche Witwe heraus. ›Ich komme wegen dem Inserat‹, aha, und dann durfte ich mir das Zimmer ansehen, eigentlich nicht schlecht, und der Preis lag bei achtzig Kronen, und ›ich überleg es mir bis morgen‹.

Nachdem ich mir etwas Mut aus einem Automatenrestaurant geholt hatte, marschierte ich zu einer Adresse auf Östermalm, einem der respektabelsten Häuser in einer der vornehmsten Straßen. Eine spitznasige Asketin mit langem Rock machte mir auf, ich betrat einen Östermalmsflur von der Sorte, die es einem ganz leicht macht, diesem Dasein zu entsagen und sich dem nächsten zuzuwenden. Mir strömte ein Geruch nach Schmalz und Tugendhaftigkeit entgegen, der es mir – wenn ich dort gewohnt hätte – sehr leicht gemacht hätte, dem Fleisch der anderen zu entsagen und dem Teufel und der Welt auch noch. Aber das Zimmer hättet ihr mal sehen sollen! Könnt ihr euch die Farbe von Königin Isabellas Bettwäsche vorstellen, einen Tag bevor die Mauren aus Spanien vertrieben wurden? Und die Möbel sahen trotz aller Tugendhaftigkeit aus, als hätten sie sich mit den sämtlichen losen Untermietern von Stockholm prostituiert.«

Während sie redete, beobachtete ich Fräulein Gerda. Sie hatte sich auf der Ottomane niedergelassen wie eine Katze, und sie besaß wirklich Stil. Sie war gut gekleidet und sauber gekämmt, das Gesicht war vielleicht ein bisschen grob, aber schön mit seinen starken Farben, und nur bei sehr unschmeichelhafter Beleuchtung hätte man ihr angesehen, dass sie dreißig Jahre alt war.

»Werden Sie der Tugendhaftigkeit morgen auch eine Antwort geben?«, erkundigte ich mich.

Sie wandte sich mir zu, um zu antworten, und ich sah einen Funken von Übermut in ihren Augen.

»Nein«, sagte sie. »Ich hab ihr gesagt, dass ich es nicht ertragen könnte, in einem Nordzimmer zu wohnen. Da beteuerte sie, dass es nach Süden gelegen war, aber das halte ich für unwahrscheinlich. Ich war dann noch bei ein paar mehr Stellen, wo die Zimmer sogar ein eigenes Badezimmer hatten und hundertfünfundzwanzig, hundertdreißig Kronen im Monat kosteten. Da ich neunzig im Monat bekomme, geht das toll auf, stimmt's? Ich werde am Ende wohl im Sozialwohnheim landen.«

»Jetzt mach mal halblang«, sagte Eva. »Wenn du das glaubst, dann passiert es ganz leicht, dass man da auch landet.«

»Ich wollte gerade vorschlagen, dass Sie sich einen Liebhaber zulegen«, sagte ich.

Baby und ihr Verlobter zuckten zusammen, wir anderen lachten.

»Das hätte ich schon längst gemacht«, sagte Fräulein Gerda mit einer nachlässigen Geste. »Was glaubt ihr, wer es mir gedankt hat, dass ich bis dreißig und drüber so unglaublich tugendhaft gewesen bin wie die Heldinnen in Marie Sophie Schwartz' Romanen?«

»Tja, die Männer nicht«, meinte ich.

»Und sonst auch niemand, wie's aussieht. Dafür bekomm ich auch nicht mehr Zimmer zur Untermiete.«

»Nein«, bemerkte Eva, die vor dem Spiegel ihren Hut aufprobierte und selbstzufrieden mit ihrem schönen Spiegelbild flirtete. »Du kannst ja nicht mal ins Witwenheim oder ins Heim für gefallene Frauen.«

»Ach, Sie werden sicher noch heiraten, wenn erst mal der Richtige kommt«, sagte der Verlobte. (Das sagen sie immer.)

»Meine Lieben«, sagte Gerda, »der Richtige war schon so oft da, aber er musste jedes Mal wieder gehen.«

»Das verstehe ich nicht«, sagte Baby schüchtern. »Wenn es jemand wäre, den ich aus ganzem Herzen liebe, würde ich ihm folgen, egal womit ich gerade beschäftigt wäre.«

»Und was, wenn du dir grade die Haare wäschst, Babylein?«, sagte ich sanft.

Baby bekam große, feuchte Augen, und ich bereute meine Äußerung sofort zutiefst, doch Gerda griff taktvoll ein und wandte sich an Baby:

»Da gab es nichts zu folgen, Baby. Keiner von den ganzen Richtigen hatte ein Boot, das bequem mehr als einen hätte tragen können, und dann wurde eben nichts draus.«

»Man sollte den jungen Männern die hohen Löhne zahlen, sodass sie ihre Mädchen ins Boot nehmen können. Und dann könnten sie ja jedes Jahr weniger bekommen statt umgekehrt. Dann würden wir uns nicht ständig im Weg herumrudern.«

»Und uns gegenseitig zum Kentern bringen.«

»Und mit den Rudern aufeinander eindreschen. Ja, das wäre wirklich mal eine Idee. Wie klug du bist, Eva. Schade, dass du vergleichsweise wenig Einfluss auf die Weltenordnung nehmen kannst!«

»Ja, wenn das so wäre, könnte ich mit Tugendhaftigkeit direkt eine Zukunft haben«, meinte Gerda. »Stellt euch vor, ich könnte mich zu Tode ärgern, dass ich so viel Angst um mich hatte und deswegen nur widerwillig und ganz selten einen Mann geküsst habe, wenn ich nicht glaubte, dass ich ihn auch heiraten könnte. – Ja, das stimmt wirklich, ob ihr mir glaubt oder nicht.« Letzteres kam als Antwort auf eine Spur von Ungläubigkeit in meinen Mundwinkeln.

»Dann hast du dich ja ganz schön gelangweilt in deinem Leben«, sagte Eva geradeheraus. »Hast du dir nie gewünscht, ein Mann zu sein?«

»Doch. Frauen dürfen wir ja nicht sein.«

»Der große Unterschied ist der«, erklärte ich, »dass ein Sekretär, der müde von seinem Arbeitstag kommt, einfach ausgeht und ein paar Scheinchen für seine Vergnügungen ausgibt. Eine Sekretärin in derselben Situation bleibt zu Hause und nimmt Aspirinpulver.«

»So ist es immer gewesen«, sagte Gerda, »aber jetzt wird sich alles ändern. Nein, jetzt muss ich aber wirklich gehen, Mädels! Ich ruf euch an, wenn ich einen Liebhaber finde. Wie ist eure Nummer? Obwohl, die vergess ich ja sowieso wieder.«

»Dieselbe wie die Nummer von ›Die helle Sonn geht wieder auf‹ im Gesangbuch, plus drei«, sagte Eva. »Ich komm noch mit dir runter, wir haben keinen Zucker mehr.«

Ich sah jetzt, dass Baby ganz blass und verstört war, und sagte:

»Sie hat's nicht so gemeint, Schätzchen!«

Aber ich bin mir meiner Sache selbst nicht ganz sicher.

Mit dreißig Jahren macht eine Frau mehr oder weniger leicht, was sie mit zwanzig noch verurteilt hätte.

7

SONNTAG, DATUM HAB ICH VERGESSEN

Ich ging vom obligatorischen Sonntagsmahl bei der Familie meines Onkels heimwärts. Meine Cousine Görel war schrecklich verlobt, ich hatte sie so lang wie möglich ertragen, aber als sie sagte, dass ihr Verlobter nie eine andere als sie geliebt habe, ging ich unter dem Vorwand, dass ich mit Putte lernen müsse. Ihr Kerl hatte sich schließlich letzten Sommer vor unser aller Augen unsterblich in eine schöne Frau mit Vergangenheit verliebt.

So etwas kann man vielleicht glattbügeln, aber man sollte nicht wider besseres Wissen prahlen.

Nachdem ich Putte bei seiner Zimmerwirtin gelassen hatte, schlug ich den Weg nach Hause ein. Ich fand es schön zu wissen, dass es dort dunkel und still und leer sein würde. Ich würde es mir mit einer Tüte Fünfundzwanzig-Öre-Bonbons auf dem Sofa gemütlich machen und träumen, dass ich eine alte Frau wäre, die ihr Leben hinter sich hatte.

Die Stadt lag in Kinolicht getaucht da und roch nach schlechten Zigaretten. Ein leerer Bestattungswagen fuhr quer über den Rödbotorget. Ich ging die Drottninggatan hinauf und wurde zwischen Fredsgatan und Kungsgatan sechsmal von Stockholms Helden und Rittern belästigt. Der siebte war mein Chef, aber er bewahrte bemerkenswerte Fassung und behauptete, er habe mich schon aus der Ferne erkannt.

Mein Chef hat etwas Unbeschreibliches an sich. Nicht nur weil er ein großer, vergnügter Sünder ist, sondern weil er bei mir eine solche Lust zu haben scheint, sich so reizend und verführerisch zu geben, wie er mich gerne hätte. Manchmal könnte ich mir denken: Ach, wenn ich mich nur schöner anziehen könnte als die Schönste, dann würde er vor mir auf den Knien liegen, wenn ich Röcke hätte, die raschelten wie ein leises Lachen, kleine Schuhe von Sjöbergs, in die man sich verlieben kann, und Spitzen und Federn und Seifen für fünfundzwanzig Kronen das Stück.

Dann würde er mich lieben.

Dann ...

Er blieb stehen und fing an zu reden. Er sah nicht ganz so gut aus wie sonst, aber netter und ein bisschen traurig. Und wenn ein Mann in so einer Verfassung ist, muss er das augenblicklich einer Frau erzählen, am besten einer unter dreißig.

»Wissen Sie, Fräulein«, sagte er, »ich bin niedergeschlagen und fühle mich einsam und bräuchte ein bisschen Mitleid.«

»Das sehe ich«, erwiderte ich.

»Tatsächlich? Ja, das glaube ich Ihnen sogar. Hätten Sie nicht Lust umzukehren und ein Stückchen mit mir die Straße runterzugehen? Ich könnte jetzt wirklich jemand neben mir brauchen, der immer fröhlich und munter ist, sonst kann ich nicht durch diese Stadt gehen an diesem hässlichen Abend, ohne mein äußeres wie inneres Gleichgewicht zu verlieren. Ich glaube, dass Sie sich harmonisch fühlen könnten, wenn Sie an einem matschigen Sonntagabend die Drottninggatan entlanggehen.«

»Ja, natürlich«, sagte ich, denn ich fand, dass ihn meine Stimmungen und Gemütsbewegungen nichts angingen.

»Aber tatsächlich gibt es etwas, was sich Sonntagsdepression nennt«, sagte er belehrend.

»Tatsächlich?«, sagte ich.

»Wissen Sie das nicht?«

»Ich kann mir so was nicht leisten und hätte auch keine Zeit dafür. Und ich will es auch gar nicht«, sagte ich keck. (Denn es ist der stärkste Trumpf einer Frau, schwach zu sein, wenn der Mann stark ist, und wenn er sich gestattet, schwach zu sein, so zu tun, als wäre sie stärker, als sie ist.)

»Ja, aber woran haben Sie denn gedacht, bevor Sie mir begegnet sind, als Sie so allein dahergingen und nichts hatten, worauf Sie Ihre Gedanken lenken konnten?«

»Ach«, sagte ich gedankenlos, »ich hab bloß überlegt, wo ich ein gutes und billiges Jackett zu Weihnachten für meinen Kleinen herkriegen soll.«

Ach, du lieber Himmel, da sah ich im Licht einer Straßenlaterne, dass er glaubte, ich hätte ein Kind und dass Putte ein Fehltritt von mir wäre, aber ich bekam keinen Ton heraus, und er bemerkte, dass es ganz schön schmutzig sei auf den Straßen.

Aber während wir die Hamngatan hinunterschlurften, sah ich plötzlich das Komische an der Sache und geriet in eine für meine begrenzten Verhältnisse ziemlich boshafte Stimmung.

Er schlug eine Taverne vor, dachte sich wohl, dass es für die Situation passend sei, und ich ging mit, wobei ich heimlich in mich hineinlächelte.

Im Bellio bestellten wir Wein, und über die Gläser und den schmalen Hals der Flasche hingen seine Blicke an meinem Gesicht, vermutlich aus Interesse an meiner Vergangenheit. Sein sichtbarer Eifer überraschte mich, es schien, als hätte er noch nie ein besseres Mädchen mit einem Fehltritt gesehen.

Er trank ziemlich viel, und in den folgenden Stunden bekam ich einen tiefen Einblick in seine Fähigkeit, sich trotz üppigen Alkoholkonsums noch halbwegs akzeptabel aufzuführen. Das Barometer hatte ja von Anfang an auf Empfindsamkeit gestanden, und nun erzählte er sehr schön vom »Rätsel des Daseins« und von der »Kürze des Lebens«.

»Wie gut Sie mich verstehen«, bemerkte er nach einer Weile und rückte seinen Stuhl ein Stückchen näher zu mir, deswegen sagte ich schnell:

»Wie spät ist es? Müssen wir nicht gehen?«

Gehen? Ach was, im Gegenteil, wir sollten noch mehr trinken. Ich hätte so was Beruhigendes, und wenn wir allein gewesen wären, hätte er seinen Kopf an meine Schulter gelegt wie ein Kind. (Kann er ja mal zur Bürozeit versuchen.)

»Mittlerweile ist es so unsicher geworden auf der Welt«, sagte er, »mit diesem leeren Himmel, und keiner ist da, um einem etwas zu seinem eigenen Besten zu verbieten.«

Ich fragte ihn, woher er wisse, dass der Himmel leer sei.

»Nein, das weiß ich nicht«, antwortete er, »aber was ich weiß, ist, dass ›der Aufzug bis auf Weiteres abgeschaltet ist‹, wie es immer so schön heißt.«

»Tja, dann muss man eben Treppen steigen.« – Und so machten wir weiter. Weiß Gott, dass ich nichts besonders Tiefsinniges sagte, meistens saß ich nur da und lächelte so weise, wie ich konnte. Doch als wir auseinandergingen, blieb er noch lange stehen und bedankte sich bei mir, dass ich ihm mit meiner Anwesenheit eine solche Sicherheit gegeben hätte.

»Wenn Sie«, sagte er, »irgendwann mal alt werden, werden Sie eine von diesen dicklichen Matronen, die immer zu Hause sind, wenn man sie sucht, und die in einem Stuhl am Fenster sitzen und die Menschen anlächeln und ihnen Ratschläge geben, aber nur, wenn man sie darum bittet. Wenn etwas Unangenehmes passiert ist, wenn man jemand ermordet hat, wenn man sich nicht traut, in seiner eigenen Gesellschaft zu sein, dann denkt man als Erstes an euch und geht geradewegs zu euch und legt euch den Kopf in den Schoß. Dann streicht ihr einem übers Haar und sagt: Mein Armer, wein nur, ich seh ja, dass dir alles zu schwer wird, aber jetzt überlegen wir uns einfach, was wir am besten tun.«

Ich war ganz schön überrascht von meinem Chef. Ich habe zwar schon viele Männer in ihren sentimentalen

Momenten gesehen, wenn sie schlimmer sind als eine von uns, aber von meinem Anwalt hätte ich das nie gedacht. Natürlich war ich auch geschmeichelt, aber ich hätte ihn mehr geschätzt, wenn er nicht so viel von Bellios Wein getrunken hätte.

Es war ja schon ganz schön spät, als ich heimkam, also ging ich auf Zehenspitzen. In Babys und Emmys Zimmer sah ich aus dem Korridor ein Licht geheimnisvoll flackern, und als ich an der Tür war, empfing mich ein rührender Anblick.

Baby mit offenen Haaren, im Unterrock und einem kleinen weißen Spitzenleibchen, tanzte still und andächtig einen Bostonwalzer mit einer angeschalteten Lampe in der einen Hand, die sie anlächelte und anflirtete.

Ach, Mädel, Mädel …

Ich stand ganz still da und dachte mir:

So war meine Seele auch zu Anfang …

In der Tat musste es mich wohl ein bisschen nervös gemacht haben, die gute Tante für den Anwalt zu spielen, denn ich spürte die Tränen kommen, aber dann sagte ich:

»Hm, Baby, du hast einen feurigen Kavalier bekommen.«

Baby kam auf mich zu, ohne die Lampe loszulassen.

»Kannst du führen?«

Ich nickte.

»Siehst du«, sagte sie, »das ist so gut, um dieses Weiche, Gleitende zu kriegen, was zum Boston gehört. Ich bin jetzt im selben Club wie der Assessor, und am Dienstag tanzen wir.«

Unsere Hauswirtin ist für ein paar Tage verreist, um ein Enkelkind zu hüten, und das hat den Anlass gegeben zu einer schnellen und nach meinem Empfinden ziemlich glücklichen Auflösung von Babys kleiner Liebe. Es geschah justament an einem Sonntagabend. Wir waren gerade so richtig schön in Fahrt mit Bostontanzen und amüsierten uns ganz unschuldig mit dem Akkordeon. Aber als wir schließlich zu Ende getanzt hatten – bei jeder neuen Runde waren wir leichter gekleidet – und im Bett lagen, hörte ich in der Stille der Nacht den Assessor heimkommen, in Begleitung einer Frau. Sein Zimmer grenzt an meine Wand, sodass ich alles mitbekam, als hätte ich sie bei mir im Zimmer gehabt. Mit der Zeit vergaßen sie jede Vorsicht, und ich lag vier Stunden wach, unaufhörlich gequält von rohem Gelächter und jähen Ausrufen, denen jedes Mal ein »Pscht!!« folgte.

Nachdem sie gegangen war, entdeckte ich, dass Eva dalag und leise vor sich hin fluchte, und ich hörte ein paar wilde, wirre Satzfetzen im Stile von »genauso gut

Straßenbahnkutscher oder irgendwelche Kerle von der Brauerei ...«

»Bitte, Eva«, sagte ich irgendwann, »dämpf deine Empörung ein bisschen. Sonst weckst du bloß noch Baby auf.«

Aber Baby war wach. Ja, Baby war zum ersten Mal in ihrem Leben wach, und ich ... ich sagte, während Eva eine Kerze anzündete und mich mit Blicken ermordete:

»Baby, so ist das Leben, kümmer dich einfach nicht drum.«

»Er hätte sie zumindest nicht mit hierherbringen brauchen«, schniefte Baby. »Jetzt werd ich wohl keinen Boston tanzen am Dienstag.«

8

4. DEZEMBER

Es geht unnötig rasch auf Weihnachten zu. Um unsere finanzielle Situation zu klären, fertigte Eva gestern ein Rundschreiben mit folgendem Wortlaut aus:

»Die Truppe wird zur Versammlung am Samstagnachmittag einberufen, um über Angelegenheiten innenpolitischer Art zu beratschlagen.«

Wir versammelten uns früh und vollständig. Die Präsidentin, Eva, lag auf ihrer Ottomane. Emmy saß einfach so da und ich in einer Sofaecke mit Babys kleinem Kopf auf meinem Schoß. Während ich ihr die weichen Locken und die heißen Wangen streichelte, überlegte ich bei mir, was für eine Art von Aktion der Assessor jetzt beschließen würde, nachdem Baby letzten Dienstag nicht im Bostonclub erschienen war. Schafft er es, seinen Angriffsplan durchzuziehen und als sinkender junger Mann aufzutreten, der die Hand nach dem rettenden Engel ausstreckt? Oder wird er mit den Schultern zucken und mit irgendeinem anderen Mädchen Boston tanzen? Ich wünschte mir natürlich Letzteres, aber fragte mich, ob ich Baby auf die erstgenannte Möglichkeit vorbereiten musste.

»Geruhen die Anwesenden zu beschließen, dass wir die Lampen ausmachen, bevor wir zu den Verhandlungen schreiten?«, fragte die Vorsitzende. »Das Petroleum ist teurer geworden.«

Der Antrag ging ohne Schwierigkeiten durch, und nachdem man ihn sofort in die Tat umgesetzt hatte, fuhr Eva fort:

»Ich habe diese Versammlung einberufen, damit wir der Not direkt ins Auge sehen können, wenn es so weit ist. Gleich zu Anfang: Wie viele Tage hat der Monat noch? Sechsundzwanzig. Ja, die letzten dreißig Tage sind immer die schlimmsten, wie jeder weiß.«

»Fürs tägliche Weißbrot reicht die Kasse wohl noch«, sagte ich, »aber das Unangenehme an diesem Monat ist die Tatsache, dass Weihnachten ist, und da werden so unverschämte Ansprüche an einen gestellt. Und ich habe ja auch noch Putte, Mädels! So was habt ihr nicht.«

»Wir wünschten, dass wir ihn hätten«, sagten alle gleichzeitig, und ich musste einfach aufspringen und sie alle küssen.

»Wir können sicher ein bisschen im Voraus sparen«, meinte Emmy. »Ich habe zum Beispiel immer schon gefunden, dass Butter überflüssig ist, wenn es so großartige Margarine gibt.«

»Pellerins Margarine ist die beste, aber du musst immer Zeniths kaufen«, sagte Eva mit einem leichten Zittern in der Stimme. »Findest du nicht, dass wir auch altes Brot kaufen sollten?«

»Das tun wir ja sowieso schon, wenn es welches gibt, aber meistens wird es ja am Tag verbraucht«, antworteten Magnhild und Emmy.

»Nein, das ist nicht der richtige Weg«, sagte ich. »Es würde mehr bringen, wenn wir zusätzliche Einkünfte hätten. Wer hätte einen Vorschlag?«

»Die Truppe hat schon seit ewigen Zeiten feine Handarbeiten gemacht und kleine illegale Lotterien veranstaltet«, sagte Eva. »Wir hätten nur früher anfangen müssen, aber wenn wir jetzt sofort loslegen, reicht es auch noch. Wenn wir doch nur ein bisschen früher daran gedacht hätten, dann hätten wir den ganzen morgigen Feiertag entweihen können und wären weit gekommen.«

Ich fügte hinzu, dass ich vorhatte, mich bei der Nordiska Kompaniet für Wäschemarkierungen zu melden und dann für ein paar Stunden jeden Nachmittag wieder ein paar Überstunden im Büro zu machen.

»Ich will richtige Weihnachtsgeschenke nähen und verschenken«, sagte Baby zaghaft.

»Baby hat gefährliche Tendenzen«, stellte Eva fest, »aber man muss ihr verzeihen aufgrund ihrer großen Jugend. Im Übrigen, Kleines«, fügte sie verschlagen hinzu, »hat der Assessor bereits drei Sofakissen, ein blaues und zwei grüne.«

»Oh, aber ganz bestimmt nicht!« Baby fuhr hoch, eifrig und empört. »Er hat bloß ein kleines gelbes, hässliches, altes ...«

»Aha!«, sagten wir vielsagend und ernst, und Baby sank plötzlich in sich zusammen, bis sie nur noch ein jämmerliches Häufchen am Boden war, wobei sie nach einer Ritze in den Bodendielen Ausschau hielt, durch die sie hätte verschwinden können.

»Na dann«, sagte Eva, »dann erkläre ich die Versammlung hiermit für aufgelöst. Mach wieder Licht, Baby, ich muss meine Handschuhe noch stopfen.«

Sie hätte nicht so viel Feingefühl haben müssen, denn im selben Augenblick klingelte es im Flur.

In der Erwartung, dass das nur Putte sein konnte, rannte ich fröhlich hinaus, um die Tür aufzumachen.

schen, und genau in dem Moment kommt Eva herein, der Schatz.

»Oh, entschuldige, hast du Besuch? Ich wollte nur kurz nachfragen, Elisabeth, ob du weißt, wo die Tüte ist, in der ich immer die alten Brotkanten für die Tiere im Skansen verstecke? Ich wollte nämlich morgen wieder hingehen.«

Ich warf dem Verlobten und Görel einen kurzen Blick zu. Er starrte nur Eva an, die reizend aussah wie immer, mit ihrer kleinen weichen Figur und ihrer Rosenhaut, doch Görel starrte ihn an.

»Bitte, Eva«, sagte ich deutlich, »hast du Magnhild gefragt? Ich weiß, dass sie in letzter Zeit ziemlich knapp bei Kasse war, seit sie ihre Stiefel vorne neu besohlen lassen musste.«

»Hat sie sie etwa aufgegessen? Na ja, von mir aus«, entgegnete Eva, ohne eine Miene zu verziehen. »Ich hatte sie zwar eigentlich für kleine, hungrige Tiere aufgespart, aber das kommt dann ja aufs Gleiche raus.«

»Müsst ihr hungern?«, fragte der Verlobte interessiert.

»Nein, das hören Sie doch, dass wir nicht hungern müssen«, erwiderte Eva. »Nicht, solange wir noch Brotkanten haben ...«

»Aber Sven, Liebling, die machen doch bloß Witze.« Görel küsste ihn und kuschelte ihren Kopf an seine

Schulter, sodass eine ihrer Hutfedern ihm im Gesicht kitzelte.

»Görel«, sagte ich streng, »es wird Zeit, dass du erfährst, dass nicht das ganze schwedische Volk seine Stiefel in Frankreich besohlen lassen kann wie du und deine Mutter. Ich glaube wirklich, dass wenn du einen Verlobten hast, der einen kleinen Prinzen konfirmiert hat und einen Gesangbuchverlag führt …«

»Liebe Elisabeth«, sagte der Verlobte mit einem Blick auf Eva, »seit wann bist du Sozialistin?«

»Seit ich versuchen muss, mich selbst zu versorgen«, erwiderte ich.

»Deswegen sollten sich Frauen auch nicht selbst versorgen müssen«, entschied er.

»Sehr richtig«, stimmte Eva ihm zu und kniff mich heimlich in den Arm, »sie sollten einen Mann als Besitzer haben, der ihr Hausherr und Meister ist.«

»Ich würde vorschlagen«, sagte ich und kniff sie zurück, »dass sie, statt im Besitz nur eines Mannes zu sein, im Besitz von mehreren Männern sein sollten, entsprechend ihren Ansprüchen.«

»Eine akzeptable Art, die Frauenfrage zu lösen«, sagte er und streichelte seiner privaten Lösung den Rücken.

Eva und ich gaben einander ein Zeichen im Schutz von Görels Federn, und dann lockten wir ihn aufs Glatt-

9

DER TAG VOR HEILIGABEND

Es gab eine Zeit in meinem Leben, bevor ich zwanzig wurde, da war es mein größter Kummer, dass mir nie etwas passierte. Ich lief herum in der angespannten Erwartung, dass mir jede Begegnung auf der Straße, jeder Bote mit einem Paket, jeder Briefträger mit Post mir jetzt endlich das Erwartete bringen würde, das Geahnte und das Ungeahnte.

Und als nichts kam, wurde ich ängstlich und dachte:

»Soll ich mich mein ganzes Leben hindurch in grauer Traurigkeit langweilen, wird mein Buch nur weiße Blätter haben?« Ach, seitdem habe ich genug und übergenug von den Abenteuern des Lebens gehabt. Ich hab schon aufgehört zu zählen.

Für reiche Menschen passt Weihnachten, das Fest macht sie nur noch reicher, aber die Armen macht es nur noch ärmer, wenn es sie überhaupt betrifft. Doch Weihnachten stellt seine Forderungen gleichermaßen an Böse und Gute, und der Macht der Gewohnheit folgend zündet man Kerzen an und überreicht einander Geschenke und macht ein fröhliches Gesicht, als wäre etwas anderes gar nicht denkbar.

Und während das Fest immer näher und näher kam, mit an der Tür verkauften Weihnachtszeitschriften und Weihnachtsannoncen und Großreinemachen und so weiter, gab es manchen Augenblick, in dem ich mir dachte: Ich will im Dunkeln sitzen und mich da durchtrotzen. Ich will mir nicht zu Hause bei anderen Leuten Weihnachtsstimmung erschleichen, ich will nicht Weihnachten spielen, das ist widerlich. Aber dann fiel mir Putte ein, und mir wurde klar, dass ich musste. Es war wohl das Beste so. Letztlich kann man mit seinem Leben so wenig machen, nicht viel mehr, als sich am Telefon freundlich melden und Putte ein bisschen Vergnügen bereiten. Und dann muss man das eben tun.

Wir haben alle vier unser Bestes gegeben. In den letzten vierzehn Tagen haben wir geschuftet wie die Sklaven. Alle haben wir Überstunden gemacht und haben genäht bis weit nach Mitternacht, und in unseren Büros haben wir auch noch Lose verkauft – mein Chef hat mir zehn Stück abgenommen –, an denen wir ein nettes Sümmchen verdienen wollen. Die Münzen haben wir in die Lebensmittelkasse gelegt. Baby hat zwei Kilo abgenommen, und ich sehe mit meinen Augenringen auch zum Gotterbarmen aus, aber es hat für ein Jackett und eine Dampfmaschine für Putte gereicht, und darüber bin ich glücklich.

Durch einen wundersamen Zufall hat auch mein Chef jeden Abend noch Arbeit im Büro zu tun gehabt, aber man kann ihn wohl kaum verdächtigen, dass er Geld verdienen muss für eine Jacke oder eine Dampfmaschine. Es fällt ihm sehr schwer, ruhig in seinem Zimmer zu bleiben, sodass er mir eigentlich nur im Weg steht. Das habe ich ihm gestern Abend gesagt und habe ihn gebeten, daran zu denken, dass ich arm bin und Geld verdienen muss. Da nahm er meine Hände in seine und erklärte, dass sie nicht dafür geschaffen seien, für ihn Maschine zu schreiben. Dazu wären sie zu klein und weich, und es sei eine Todsünde, dass ich meine Jugend und Schönheit mit Sekretariatsarbeit zerstöre. Es wäre viel besser gewesen, wenn er mir eine Lohnerhöhung versprochen hätte, aber davor hütete er sich natürlich.

Es gibt eine neue Art von Flirt, den ich noch nie erlebt habe: den Büroflirt. Er hat seine besondere Terminologie, seine Situationen und speziellen Widerwärtigkeiten. Normalerweise, wenn ich einem Mann nicht die Hand schütteln kann, ohne Herzklopfen zu bekommen, oder wenn irgendwelche Peinlichkeiten zwischen uns entstanden sind, dann treffe ich ihn ganz einfach nicht öfter, als ich will, brauche ihn nicht zu sehen und nicht mit ihm zu reden.

Doch ich arbeite in einem Büro, und wenn der Mann dort ist – was er zwangsweise ist –, dann kann ich ihm nicht entkommen. Jeden Morgen erwartet mich mein Schicksal, die Arbeit, und der Gedanke an meine finanzielle Situation zwingen mich dorthin, wo ich weiß, dass dieser Mann ist, den ich zu gerne mag oder zu sehr hasse, als dass ich ihn treffen will, sie zwingt einen, dieselbe Luft zu atmen wie er, ihn zu sehen, zu reden, zu antworten, Tag um Tag, bis ...

Dummes Gerede.

Heute bin ich um fünf eigentlich ganz gut gelaunt in die Haushaltsschule gegangen. Ich hatte die Hände voll mit lauter Paketen, und ich war froh, als ich endlich zu Hause war und sie versiegeln konnte und Tischtücher auf die Tische legen und Verse in die Weihnachtskarten schreiben. Vorübergehend hatte ich Babys großen Kummer vom Vortag ganz vergessen. Doch als ich das Kind zu sehen bekam, kam mir plötzlich wieder ihr Geldmangel in den Sinn, und mir wurde klar, dass ich hier nichts Lustiges zu erwarten hatte, bevor diese Angelegenheit geklärt war. Mir stiegen die Tränen in die Augen, als ich sie da so einsam mit hängendem Kopf sitzen sah, so blass und bekümmert, ohne das Essen anzurühren, und ich saß noch nicht mal auf dem Stuhl, da sagte sie schon:

»Elisabeth, hast du siebenundsechzig Kronen und achtundfünfzig Öre?«

»Schätzchen«, sagte ich, »nein, aber ich kann sie schon beschaffen – vielleicht. Hast du das Geld nicht gefunden?«

»Nein«, sagte sie und schüttelte finster den Kopf. »Was ich gerechnet habe! Heute auch wieder den ganzen Tag. Ich hab keine Ahnung, wie ich sie finden könnte. Aber ich werde natürlich gleich wieder runterlaufen und sie suchen, notfalls die ganze Nacht, also kümmert euch nicht, wenn ich nicht nach Hause komme. Und das zu Weihnachten, Pegg! Was soll ich nur tun?«

Und ich sagte, was alle alten, verständigen Menschen zu allen Zeiten geantwortet haben: »Iss zuerst mal, sonst kannst du nicht richtig rechnen. Du findest sie sicher, wenn du nicht so nervös bist.« Und Baby fand, wie alle jungen Menschen zu allen Zeiten, dass alte Menschen gleichgültig sind gegenüber ihrem Kummer und mit

Plattitüden daherkommen, aber sie aß dann doch etwas. In einem Anfall von Galgenhumor entschloss sie sich sogar zu einem Nachtisch.

»Pegg, das sind die wirklichen Kümmernisse und der Ernst des Lebens. Das hier habe ich, weil ich den Kopf hängen ließ wegen dem Frauenzimmer des Assessors und mich für unglücklich hielt. Pah! Jeder seelische Kummer ist bloß Müll. Gallensteine oder Ebbe im Portemonnaie, das sind echte Sorgen! Mach's gut, Pegg, wenn du siebenundsechzig fünfundachtzig auf der Straße findest, kannst du die 6359 anrufen, denn da bin ich.« Und sie lächelte ein kleines schmerzliches Lächeln und ging zur Kasse. »Ein Kalbssteak und ein Mandelgebäck mit Marmelade – sechzig Öre und dreißig, neunzig, bitte sehr.«

Ich blieb noch einen Augenblick stehen und dachte scharf nach. Dann ging ich zurück ins Büro. Da saß ich dann eine Stunde lang und versuchte zu arbeiten, während ich mit steigender Nervosität auf die Ankunft meines Chefs wartete.

Er hatte wohl im angesagten Restaurant Rosenbad gegessen und war in einer milden, nachgiebigen Laune.

»Sie sind immer so freundlich gewesen, Herr Anwalt«, sagte ich. »Wäre es nicht möglich – aber vielleicht ist es auch unverschämt, wenn ich das frage, aber könnte ich vielleicht einen Vorschuss auf meinen Lohn bekommen: einhundert Kronen?« Wie ich ihn hasste für diesen Blick, der da in seine Augen trat.

»Da werden Sie aber später finanziell schlecht dastehen, wenn Sie in so jungen Jahren schon nach Vorschüssen fragen«, sagte er und starrte mich an.

»Ich kann die Gelder ja am Nachmittag abarbeiten«, schlug ich vor.

»Da gäbe es vielleicht noch andere Möglichkeiten.«

Ich wusste sehr gut, was er damit meinte, aber entgegnete:

»Gut, dann werd ich mal nachfragen, ob einer von meinen Verwandten mir aushelfen kann.«

»Und Sie glauben, das würde ich Ihnen erlauben? Sie können kein Geld aus der Firma als Vorschuss nehmen, denn das ginge gegen meine Prinzipien, aber Sie können es *persönlich* von mir bekommen.«

»Unter welcher Bedingung?«, fragte ich in geschäftsmäßigem Ton, aber mit beginnendem Herzklopfen.

»Sie *selbst*«, sagte er und kam auf mich zu. Ich stand auf und ging hinter mein Pult.

»Ist Ihnen nicht bewusst, wie unverschämt diese Bedingung ist?«, sagte ich mit brennenden Wangen.

Da begann er sich selbst mit Schimpfwörtern zu belegen und bat mich um Entschuldigung mit vielen schönen Worten, und ich sollte ihm unbedingt die Hand geben zum Zeichen, dass zwischen uns wieder alles gut sei. Doch ich wollte die Situation ausnutzen.

»Ich kann Ihnen erzählen, Herr Anwalt«, sagte ich, »dass wir Sekretärinnen eine geheime schwarze Liste über die am hitzigsten flirtenden Chefs führen.«

»Die würde ich gern mal sehen«, sagte er.

»Das kann ich mir vorstellen«, erwiderte ich, »aber das wird wohl nichts. Sie existiert nämlich bloß in mündlicher Wiedergabe. Oh, Sie würden staunen! Sie sind nämlich Nummer drei, das wissen alle Sekretärinnen in Stockholm.«

Das schmeichelte ihm nur. Oh, das war lustig. Um noch eins draufzusetzen, erzählte ich die ganze Geschichte mit Baby und dem Fehlbetrag in der Kasse, aber er glaubte mir nicht.

»Ich hätte Sie für weniger scheinheilig gehalten«, sagte er, »bei *Ihrer Lebenserfahrung*!«

Natürlich war mir klar, dass er damit auf Putte anspielte, aber ich schwieg, denn ich wusste, dass er mir nicht glauben würde, bevor er den dreizehnjährigen Putte höchstpersönlich zu sehen bekäme. Am ganzen Körper zitternd ging ich auf den Korridor, um mich anzuziehen, fest entschlossen, zum Strandvägen zu gehen und mich erneut demütigen zu lassen um Babys willen.

Während ich da stand und mit meinen Handschuhen herumfummelte, kam er heraus mit einem Kuvert in der Hand.

»Sie hätten sowieso einhundert Kronen zu Weihnachten bekommen«, sagte er gemessen.

Ich war schrecklich froh und überrascht und gab ihm die Hand, die er prompt küsste.

»Wie es aussieht, habe ich nicht immer eine beruhigende Wirkung auf Sie, Herr Anwalt«, scherzte ich.

»Das wollen Sie doch auch sicher nicht«, flüsterte er dicht neben mir.

»Ich muss jetzt gehen«, erklärte ich und wich zurück.

»Moment. Ich sehe Ihnen doch an, dass Sie mir immer noch böse sind, weil ich neulich so hässlich und grob zu Ihnen war, stimmt's nicht? Wollen Sie mir nicht zeigen, dass Sie mich nicht hassen? Denn das dürfen Sie nicht.«

Meine Antwort waren zwei Schritte rückwärts, aber bei der Tür hatte er mich eingeholt, nahm mich in die Arme und küsste mich.

Ich war völlig willenlos, ich weiß nur noch, dass ich einen Gedanken hatte:

Oh, dass er das wagt!

Aber als ich wieder auf der Straße war – ich weiß nicht, wie das gegangen war –, wich alles andere hinter die plötzliche und große Freude zurück, dass ich jetzt auf jeden Fall genug hatte, um Baby helfen zu können, und noch ein bisschen darüber hinaus. Und nun lief ich zu ihr, und du liebe Güte, was sich das Mädchen gefreut hat! Wir rannten nach Hause, aber kauften unterwegs jede Menge schöner Dinge.

Zu Hause surrte Eva herum in einem Zustand ungebremster Seligkeit über fünfzig Kronen, die sie ganz unerwartet zu Weihnachten bekommen hat.

Sie lacht noch im Schlaf, während ich das hier schreibe.

Es ist schon nach zwölf. Also Heiligabend. Habe ich etwas schrecklich Böses getan? Wenn ja, ist es erschreckend, dass ich es kein bisschen bereue, sondern mich nur aufgekratzt fühle.

10

SILVESTER

Am Morgen des 24. Dezember geschah um halb acht etwas Unerhörtes. Wir hatten uns schon frohe Weihnachten gewünscht und dösten noch, wie man es tut in der Minute vorm Aufstehen. In allen Krügen und Vasen, die wir zusammensuchen konnten, standen Fichten- und Preiselbeer- und Kiefernzweige, saubere Tücher auf allen Tischen, frisch polierte Messingkerzenständer und Babys knospende Hyazinthen in unseren Fenstern.

Eva hatte gerade zu mir gesagt: »Wir können gerne noch ein bisschen liegen bleiben, sie können einem doch keine Vorhaltungen machen, wenn man eine Viertelstunde zu spät ins Büro kommt, man soll doch spüren, dass Heiligabend ist«, da drang das Geklapper von Kaffeetassen an mein Ohr, und die Mutter des Assessors erschien, lächelnd und sanft.

»Oh nein, das ist ja schrecklich nett von Ihnen, Frau Berggren«, sagten wir alle, und sie stellte das Tablett auf den Tisch und sagte:

»Frohe Weihnachten, meine lieben Fräulein, bedienen Sie sich.« Das Ganze ließ sich nun ja doch ganz gut an, aber ich konnte es Baby ansehen, dass es sie schmerzte, das Safranbrot der Mutter des Assessors zu essen, und sie schaute finster drein. Ich fand es ganz komisch, und ich beobachtete, wie Emmy einen verstohlenen Versuch machte, Baby auf folgende, originelle Weise zu trösten:

»Na komm, sei nicht traurig, denk an mich – ich *habe* noch nicht mal jemand, der mich hätte betrügen können!«

Wir sollten um eins im Büro Feierabend machen, und danach war ich mit Putte verabredet, denn er wollte mit mir einkaufen gehen.

Als ich am Morgen ins Büro kam, dachte ich, dass die Putzkraft und die Herren mir ansehen müssten, was am Abend zuvor passiert war, und ich zitterte davor, meinen Chef zu treffen. Doch er sah so freundlich und unbeschwert aus, dass ich glaubte, er hätte alles vergessen.

Na ja, das merkte ich dann, dass das *nicht* der Fall war. Den ganzen Vormittag kämpften wir einen stummen, verzweifelten Kampf – er wollte weiter im Text, ich wollte es verhindern, weil der Weihnachtsfrieden sowieso schon ziemlich erschüttert war. Wenn er sich nicht bessert, kann ich unmöglich weiter meine Ringe an der rechten Hand tragen. Es tut nämlich grässlich weh, wenn er mit seiner ganzen Kraft zudrückt.

Es wurde ein Uhr, und die anderen Anwälte gingen auf den Gongschlag pünktlich, nachdem sie in mein Zimmer geblickt hatten, wo der Chef war. Sie hatten uns frohe Weihnachten gewünscht, mit einem vielsagenden Lächeln, für das ich sie am liebsten geschlagen hätte. Ich hatte ja ein Treffen mit Putte verabredet, aber der alte Trödler ließ auf sich warten, also wollte ich runtergehen und am Eingang auf ihn warten, um meinen Chef loszuwerden, aber mir wurde klar, dass ich mir das abschminken konnte.

Er wuselte um mich herum und ließ sich alle möglichen Fragen einfallen, um mich aufzuhalten: was ich über die Weihnachtsfeiertage tun werde, ob ich nicht ein Geschenk für ihn habe, ob ich nicht rausgehen und mit ihm kommen wolle und am Ende, ob ich tatsächlich so lächerlich sein wolle, ihm wegen gestern Abend noch böse zu sein.

Ich war angespannt bis zum Äußersten, als endlich Putte eintraf. Ich zog ihm die Mütze vom Kopf.

»Komm, mein Kleiner, sag mal schön Guten Tag zum Herrn Anwalt!«, sagte ich mit diebischem Vergnügen.

Dessen Gesichtsausdruck war Gold wert.

»Oh, verdammt!«, sagte er.

»Wie meinen?«, fragte ich.

»Und für *ihn* war die Jacke?«

»Also wirklich, Herr Anwalt«, sagte ich in mild vorwurfsvollem Ton, »kann man Ihnen überhaupt kein Weihnachtsgeheimnis anvertrauen?«

»Ja, aber das ist ja ein richtig großer Kerl.«

»Ja, allerdings«, sagte ich. »Ich bin zwölf Jahre älter als er, aber er ist so groß gewachsen. Er kommt nach Vater.«

Und dann gingen wir. Was der Chef sich dachte, weiß ich nicht. Ich werde es noch früh genug erfahren.

Putte wollte unbedingt zur Västerlånggatan. Da wollte ich überhaupt nicht hin, aber er marschierte einfach pfeifend drauflos, und jedes Mal, wenn wir einer älteren Dame begegneten, nieste er urplötzlich, wenn wir an ihr vorbeigingen, und ich sagte:

»Kind, du wirst noch von der Polizei festgenommen werden!«

Da wechselte er die Taktik und sagte ständig laut:

»Pegg, findest du nicht, dass dieses Frauenzimmer ein

bisschen mehr von ihren schlanken Haxen zeigen sollte?«

Am Ende musste ich ihn wirklich ein Ohr langziehen, als wir vorm Parlament waren.

»Alles klar, Pegg«, sagte er da, »dass ein Junge die ganze letzte Woche damit verbracht hat, Zettel für das London-Kino zu verteilen, damit er die Kröten für ein vornehmes Geschenk für seine Schwester zusammenkratzen kann, und dann verprügelt sie ihn an Heiligabend – das hätte ich ja nicht gedacht.«

Er ist der reinste Stockholmer Lausebengel, eine Zweitausgabe von Anderssonskans Kalle, aber er hat das entsprechende Buch ja auch bei jedem Morgengebet des Schulhalbjahrs – getarnt mit einem Bibelumschlag – gelesen.

Natürlich bat ich ihn feige um Verzeihung, woraufhin sein Gesicht aufleuchtete und er seine Schritte zur Nordseite des Parlaments lenkte, die dem Fluss zugewandt ist.

»Aber Putte«, wandte ich ein, »du gehst doch einen Umweg.« Doch er rannte los, und als ich ihn wieder eingeholt hatte, stand er da und pulte in einem Sprung im Steinfundament.

»Das ist mein geheimes Bankfach, weißt du«, sagte er, »aber du musst dich umdrehen, denn du darfst nicht sehen, wie viel ich habe.«

»Aber mein Kleiner, warum machst du so was?«, fragte ich.

»Sonst hätte ich es alles verprasst, verstehst du, die Jungs geben einen Haufen Geld in den Konditoreien aus, das kannst du mir glauben, aber ich habe meine Moneten zusammengehalten.« Er strahlte vor Stolz, dass er sich meinetwegen die Leckereien aus der Konditorei verkniffen hatte.

Dann wollte er in jedes Schaufenster gucken, denn jetzt sollte Pegg etwas bekommen, womit sie richtig hübsch aussah. Am Ende betrat er entschlossen ein kleines Geschäft mit Galanteriewaren, und ich überlegte gerührt, welche der Scheußlichkeiten im Schaufenster es ihm wohl angetan hatte. Erst als er mit einem Päckchen in der Jackentasche strahlend wieder herauskam, konnte ich ihn dazu bewegen, sich beim Slussen neben mich in die rote Straßenbahn zu setzen, um nach Hause zu fahren.

Plötzlich sagte Putte laut und deutlich:

»Pegg, warum hat dein Chef ›Oh, verdammt!‹ gesagt, als er mich gesehen hat?«

Die ganze Straßenbahn hielt einen Augenblick lang den Atem an, und ich bekam ganz heiße Wangen.

»Ich glaube, das hat er gar nicht gesagt«, antwortete ich eilig, um dann das Thema zu wechseln: »Aber hör mal, Putte, willst du für mich eine Besorgung machen, wenn wir zu Hause sind? Ich weiß zwar, dass ich heute eigentlich dran bin mit Alkoholkaufen, aber ich habe keine Flasche dabei. Du kannst doch sicher schnell runterlaufen und welchen kaufen, ich bin so müde.«

»Haben Sie noch nie daran gedacht, wie falsch es ist, ein Kind an die Kneipe zu gewöhnen«, fragte plötzlich ein alter Herr neben mir, und es ging ein Raunen durch den Waggon.

»Nein, ich muss sagen, daran habe ich noch nie gedacht«, antwortete ich wahrheitsgemäß, woraufhin sich eine dritte Person ins Gespräch einmischte und erklärte, dass Minderjährige gar keinen Alkohol kaufen dürfen. Da es aussah, als würde dieses Geplauder zu einer Diskussion in größerer Runde ausarten, beschloss ich, mit Putte auszusteigen, obwohl wir noch ein paar Haltestellen gehabt hätten.

Der Junge war glücklich, denn er glaubte, dass ich ihn zu einer ganz normalen Schenke schicken würde, und war sehr enttäuscht, als ich sagte, dass es sich um Haushaltsalkohol handele, zum Zwecke der Lockenlegung und um Tee zu kochen.

Wir amüsierten uns dann köstlich über die Geschichte, aber vielleicht vergnügte es meine Freundinnen noch mehr, von meinem Chef und dem vermeintlichen Fehltritt zu hören. Putte wurde den ganzen Abend nur noch *Fehltritt* genannt.

Um sieben Uhr kamen unsere Gäste, die Humoristische von den Vereinigten Gesellschaften, die so allein auf der Welt war, dass sich kein Heim für sie geöffnet hatte außer unserem, und Gerda, die immer noch mit mäßigem Erfolg einen annehmbaren Liebhaber suchte.

Es war Weihnachten im ganzen Haus, und von unseren Fenstern konnten wir sechs Weihnachtsbäume in den verschiedenen Wohnungen zählen, aber unserer war der siebte, und Putte durfte die Kerzen anzünden. Die Mädchen waren ganz rührend zu Putte, er war der Held des Tages und bekam Weihnachtsgeschenke von uns allen. Ich küsste ihn fast tot wegen einer ganz schrecklichen Brosche für fünfundsiebzig Öre aus der Västerlånggatan. Ich werde sie für seine Kinder verstecken, von denen ich mir viel Freude im Alter erwarte. Wir schenkten uns Kleinigkeiten, und Emmy bekam zehn verschiedene Sorten Seife, denn das ist ihre einzige große Leidenschaft.

Die Stimmung war gut, und als sie zu kippen drohte, holten wir das Akkordeon heraus. Das Abendessen beschäftigte uns dann ein paar Stunden vollauf, ich gab jedem von ihnen eine Aufgabe vor, während und nach dem Essen, und wir wechselten uns beim Umrühren des Weihnachtsmilchreises ab. Baby schlug vor, ihn zu servieren, als er noch kein bisschen gar war – wahrscheinlich hatte der Assessor Glück gehabt, als er sich doch noch zurückgezogen hatte. Ich muss gestehen, als ich dran war und so allein in der Küche stand, musste ich plötzlich eine Runde weinen, weil mich eine jähe und bittere Sehnsucht nach meiner Mutter befiel und nach meinem Zuhause, das ich nie wiedersehen darf. Niemand sagte etwas, aber ich glaube, dass wir alle rote Augen kriegten bei dieser denkwürdigen Grütze. Und der Assessor schlich auf dem Korridor herum, als wäre er eine Katze. Im Namen der Moral musste ich ihn zweimal fortscheuchen.

Nachdem wir gegessen und mit der wohlwollenden Hilfe unserer Gäste abgewaschen und aufgeräumt hatten, bereiteten wir Putte hinter einem kleinen Wandschirm eine Schlafstätte und brachten ihn mit viel Mühe dazu, wirklich ins Bett zu gehen. Alle Mädchen wollten ihn küssen, wie er so dalag und so süß aussah, aber ich warnte sie. Allmählich legten wir uns wie die Hirten auf den Boden. Baby und ich auf Heizkissen, Schaffellen und Abendröcken, während unsere Gäste sich nach vielem Gespreize in unseren jeweiligen Betten und Schlafsofas ausstreckten. Wir hätten es nicht übers Herz gebracht, sie heimgehen zu lassen und sich ausgerechnet an diesem Abend in ihre dunklen, einsamen Betten schlafen zu legen. – Unser Weihnachtsfest war nicht sonderlich religiös geprägt, aber es gab ziemlich viel rührende Freundschaft und ein ganz klein wenig selbstlose Aufopferung, wenn nicht sogar einen gewissen Heldenmut, denn alle waren froh, obwohl keine von uns verheiratet war.

11

DAS NEUE JAHR

Wir hatten in unserer Kindheit eine Lehrerin, die immer ein graues Kleid anhatte, das aus Wolle gemacht war, die man schon einmal zu einem Kleid verarbeitet, dann aber wieder aufgeribbelt hatte. Ich werde nie vergessen, wie sie regelmäßig jeden Montagmorgen die Schularbeit einleitete, indem sie mit Grabesstimme eine Morgenandacht vorlas, die folgendermaßen begann: »Eine neue Woche beginnt, mit ihren Mühen und Kümmernissen …« Nicht besonders aufmunternd für kleine Kinder, und ich weiß noch, wie uns das unfehlbar jedes Mal in eine Art missmutige Panzer hüllte, und wir fragten uns immer, was für Mühen und Kümmernisse uns wohl zugedacht waren.

Ich finde, ich bin genauso geworden wie diese arme Lehrerin, denn meine Gedanken zum Jahresbeginn lauten ziemlich ähnlich. Vielleicht wird es ja ein ganz tolles Jahr, obwohl es im Moment noch ein bisschen langweilig aussieht.

Jetzt ist Schluss mit den Feiertagen und Schluss mit dem Frieden.

Die Höhle der Truppe war in den letzten Tagen Schauplatz ziemlich aufgewühlter Szenen. Es sieht aus, als würden die Mädchen bei den V. G. tatsächlich ernsthaft vorhaben, ihren Worten Taten folgen zu lassen, aber du lieber Himmel, zuerst kamen so viel Worte! Die Anführerin der Verschwörung hat ihre Besprechungen hier oben bei uns abgehalten, und die waren sowohl hitzig als auch lautstark. Zuallererst galt es die Meinung im Personal zu bearbeiten, und das ist ein steiniger Boden, der sich nur schwer beackern lässt. Die Anführerin, Fräulein Stenberg, vertraute mir an, dass es zum Verzweifeln sei. Die Mädchen, die ihr Elternhaus in Stockholm hatten und deswegen vor den Entbehrungen geschützt waren, die ihre Kameradinnen durchmachten, stellten sich ziemlich gleichgültig. Und unter den anderen gab es genauso viele Meinungen über die Vorgehensweise, wie es Mädchen gab, wenn nicht sogar ein bisschen mehr.

Während der Zusammenkünfte bei uns galt es sich

über eine Aktion zu einigen, und die Worte flossen in Strömen. Baby war Feuer und Flamme, mit greller Stimme und blitzenden Augen. Es sind die Nachwirkungen der Schwärmerei, die sich so Ausdruck verleihen.

Ihre Kolleginnen sagen, dass sie ein richtig fanatischer kleiner Agitator ist. Was mutig von ihr ist, weil sie voraussehen kann, dass sie jederzeit von einem der Mädchen verraten und gebrandmarkt werden kann, die sich mit ihren Vorgesetzten gut stellen wollen. Das ist kein schöner Verdacht, aber er gründet in einem Fehler von uns Frauen aus der Oberklasse – und Gott bewahre uns vor der Oberklasse! –, den abzustreiten zwecklos wäre, auch wenn es viele tun.

Wir hatten vor Kurzem das Streikkomitee zum Kaffeetrinken eingeladen – es war zu Monatsanfang, als man noch beschwingt vom Besitz einiger Zehner im Portemonnaie war –, und ich fragte, mit wie vielen sie rechnen könnten. Tja, bestenfalls mit drei Vierteln, glaubten sie. Und welche?

Das wüssten sie so auf die Schnelle nicht.

»Doch«, sagte ich, »das sind diejenigen unter euch, die ausschließlich von ihrer Arbeit leben müssen, und das wahrscheinlich auch noch in der Zukunft, weil sie nämlich keinen Verlobten oder Flirt haben oder die Hoffnung, sich demnächst einen zuzulegen.«

In dem Moment fiel mir ein, dass ich etwas ausgesprochen hatte, was man mir nie verzeihen würde, nicht mal diejenigen, die gründlich Abschied genommen hatten von der Welt und der Hoffnung auf Liebe und heimisches Glück. Aber da war es schon zu spät.

»Wie kannst du so was sagen?«, fragte Baby nach einer etwas peinlichen Pause.

»Deswegen«, sagte ich, »weil so, wie es jetzt ist, die Liebe der Frau und die Arbeit der Frau Feinde sein müssen. Die einzige Art, wie wir die beiden versöhnen konnten, ist immer gewesen, eine Arbeit daraus zu machen, die man mit Liebe machen muss. Das kann eine Krankenschwester, vielleicht eine Lehrerin, eine, die Hühner oder einen Garten besitzt, und am allerbesten eine Ehefrau oder Mutter. Aber nennt mir eine Sekretärin, die aus dem Umgang mit Zahlen und Schreibmaschine eine Arbeit machen kann, die sie mit Liebe verrichtet!«

»Das könnten wir durchaus«, sagten Eva und Fräulein Stenberg sofort, »du kennst uns nicht, aber setz eine richtig weibliche Frau in ein Büro, und es ist nicht unmöglich, dass sie Zärtlichkeit für die Rechnungsbücher entwickelt und sich mütterlich um das Tintenfass und den Laufburschen kümmert.«

Es entbrannte ein heißer Disput über die Berufung der Frau, ich konnte ein paar von ihnen auf meine Seite ziehen, aber der Großteil war gegen mich, und am Ende lief alles aus dem Ruder, und es wurde ziemlich ungut.

Tags darauf kam Baby und erzählte, dass sie die Reihen gemustert habe und zu dem Schluss gekommen sei, dass meine Berechnungsgrundlage gar nicht so dumm sei.

»Ich bin ja selbst das beste Beispiel«, sagte sie und schob die Unterlippe vor.

Sie hat den Assessor immer noch nicht überwunden, und er ist ihr böse, weil sie ihn im Bostonclub versetzt und zweimal am Tag mit einem anderen Mann telefoniert hat.

Am nächsten Tag kam sie ganz atemlos angerannt:

»Der Direktor weiß alles, sie haben alles ausgeplaudert.«

»Was sagt er?«, fragten Eva und ich sofort.

»Was er sagt? Er sagt gar nichts, er geht nur herum und lächelt so teuflisch, dass ich glaube, wenn wir nicht bald loslegen, lächelt er noch den ganzen Plan tot. Und wenn wir zusammenstehen und reden und auf dem Korridor flüstern, kommt er immer vorbei, immer, er taucht auf wie aus dem Nichts, und da wollten wir uns am liebsten in ebendieses auflösen.«

So verging wieder ein Tag, und Baby kam nicht in die Haushaltsschule zum Essen, aber als ich nach Hause zurückkehrte, lag die kleine Aufwieglerin weinend auf dem Sofa, das geradezu bebte unter ihren Schluchzern.

Neben ihr saß Emmy ganz fassungslos und starrte hilflos aus dem Raum, und da ich es für das Beste hielt, wenn Baby sich ausheulte, bugsierte ich Emmy in unser Zimmer.

»Was ist denn passiert?«

»Ach, was ganz Trauriges. Aber sie sind ja selbst schuld.«

»Erzähl. Wer schuld ist, können wir danach klären.«

»Sie wurden am Morgen zum Direktor bestellt.«

»Wer? *Baby*?«

»Ja, und Fräulein Stenberg und noch zwei andere, und sie bekamen ihre Kündigung, weil sie versucht hatten, ihre Kolleginnen aufzuwiegeln.«

»Das ist ja seltsam. Bevor etwas passiert ist? Wie hat er davon Wind bekommen?«

»Es haben wohl welche was ausgeplaudert.«

»Oh Mann, wenn ich die jetzt hier hätte! Aber was habt ihr dann gemacht?«

»Wir sind zum Direktor gegangen, mit diesem Schreiben wegen höherem Lohn und kürzerer Arbeitszeit, das hatten wir ja aufgesetzt, wie du weißt, und dann fügten wir noch hinzu, dass er Baby und Fräulein Stenberg zurückkommen lassen soll.«

»Und?«

»Der Direktor hat zu allem *Nein* gesagt.«

»Ja, und *dann*?« Ich war so aufgeregt, dass ich richtig zitterte.

»Dann haben wohl zwanzig Stück damit gedroht, dass sie gehen.«

»Und wie viele seid ihr?«

»Siebenundvierzig.«

»*Mehr sind es also nicht geworden?* Und was hat der Chef dann gesagt?«

»Er meinte, sie könnten tun, was sie wollten, er könne jederzeit so viele Mädchen haben, wie er wolle, die dankbar wären, bei ihm Arbeit zu bekommen. Fräulein Stenberg soll gesagt haben, dass das wohl nicht so leicht sein würde, und da hat er gefragt, ob sie schon mal erlebt hätte, dass Frauenzimmer zusammenhielten.«

»Aber ich finde, ihr habt ihm gezeigt, dass wir das sehr wohl können«, sagte ich. »Als Demonstration war es jedenfalls gelungen. Fragt sich nur, was wir jetzt tun sollen. Wie sollen wir klarkommen, wenn ihr zwei ohne Arbeit und Einkünfte seid?«

»Weißt du, meine Liebe …«, sagte Emmy.

Ich sah ihr an, dass sie sich schwertat damit, zuzugeben, was ich natürlich die ganze Zeit gewusst hatte: dass sie nicht unter den zwanzig Protestierenden gewesen war.

Da packte mich das Mitleid.

»Ich verstehe dich, Emmy«, sagte ich. »Du warst ja die ganze Zeit eher skeptisch.«

Es wurde ganz still. Schließlich sagte sie erleichtert:

»Ich habe mir gedacht, dass ich Baby ja ein bisschen helfen kann, bis sie was findet, denn der Schatzmeister hat gesagt, er glaube, dass wir anderen, *die loyal waren*, wohl eine Lohnerhöhung kriegen würden.«

»*Ach so*«, sagte ich und ging zurück zu Baby, die jetzt nur noch stumm und müde weinte.

»Sei nicht traurig, Schätzchen!«, sagte ich und gab ihr einen Kuss.

»Ach, Pegg«, sagte sie aus der Tiefe ihres betrübten Herzens, »es ist so *erniedrigend*.«

»Dummes Gerede, mein Kind, du hast das schon gut gemacht, wenn auch furchtbar unbedacht! Aber das geht ja ganz oft Hand in Hand. In zwanzig Jahren wird so ein Unternehmen gelingen.«

Und ich versuchte behutsam, ihr Kissen umzudrehen, aber es war auf beiden Seiten gleich nass.

»Und dann bin ich ja auch noch so schrecklich arm«, sagte Baby, »und all die anderen auch – und ich bin schuld. Was glaubst du, was Gott dazu sagen wird?«

Ich umsorgte sie wie ein kleines Kind; es war, als wäre sie wirklich eines, ganz wie Putte. Ich frage mich, ob ich nicht in Wahrheit unglaublich mütterlich bin. Ob ich mich vielleicht in einem Kinderheim bewerben sollte oder eine Hühnerfarm gründen. Das würde mir bestimmt besser liegen.

Mitten in Babys Geheule kam Eva. Sie war Feuer und Flamme, nannte Baby eine Märtyrerin und Heldin, und es gelang ihr, das Kind erst mal wieder aufzumuntern. Doch Emmy gegenüber zeigte sie eine so offensichtliche Verachtung, dass es sogar dieses arme, harmlose Mädchen traf.

So hatte ich Eva noch nie gesehen. Es gab eine richtige Szene zwischen ihr und Emmy, und Emmy redete sich allmählich in Fahrt und wurde immer wütender und laut und vernünftigen Argumenten nicht mehr zugänglich. Wir hätten uns nie träumen lassen, dass so viel Energie in ihr schlummerte.

»Ich habe so ein Unterfangen schon einmal vor langer Zeit miterlebt«, sagte sie. »Wir waren zu acht und haben alle gleichzeitig gekündigt in einem Büro, wo man uns aushungerte und immer Besserung versprach, aber nie Taten folgen ließ. Wir dachten, wir hätten einen großen Triumph errungen, aber am gleichen Tag inserierte der Chef und bekam sechzig Zuschriften!«

»Ja, aber das hier ist doch eine Frage der Ehre«, meinte Eva.

»Nein«, sagte Emmy, »das ist eine Frage des Magens, und das wisst ihr auch sehr gut. Und nur weil Magnhild so dumm gewesen ist, muss ich mich nicht schimpfen lassen, wenn ich klüger bin.«

Damit ging sie. Es war sehr traurig. Wir waren vorher immer so gute Freunde gewesen, und ich hatte Emmy gemocht, wie man einen alten Schal mag.

Ja, ich war nicht die Spur böse auf sie, denn es tut nicht gut, idealistisch zu sein, wenn man älter, schwach und arm ist, aber es gelang mir nicht, Eva so weit zu kriegen, dass sie die Sache mit meinem toleranten Blick sah.

Wir hätten uns beinahe auch noch in die Wolle bekommen, aber überlegten es uns im letzten Moment doch noch anders, um die Situation nicht unnötig zu verschlimmern.

Wir umarmten uns und waren uns einig, dass Hall Caine recht gehabt hatte, als er sagte:

What a misery to be a woman!

12

IRGENDWANN IM JANUAR

Eva und ich.

Wir sind gerade nach Hause gekommen, jede von ihrer Tretmühle, und jetzt liegen wir in der Dunkelheit auf unseren Sofas, und es ist ganz still zwischen uns. Jede weiß, dass die andere vollauf mit ihren Gedanken beschäftigt ist.

Weder Emmy noch Baby sind zu hören, und das ist auch nicht verwunderlich, denn seit dem Auftritt neulich Abend, als Eva und Emmy sich entzweiten, sind wir nie wieder so gemütlich zusammen gewesen wie früher. Und niemand hat es besonders eilig, am Abend nach Hause zu kommen.

»Pegg, ist dir auch aufgefallen«, sagte Eva zu guter Letzt, »dass es ist, als ob irgendetwas zu Ende gegangen wäre?«

»Der Kaffee oder das Petroleum?«, fragte ich, aber ich weiß ja, dass sie die Stimmung von früher meinte.

»Ja, das Petroleum geht leider auch zur Neige«, antwortete Eva, »aber da kann man ja leicht Abhilfe schaffen so früh im Monat. Aber ich muss gerade an die guten alten Zeiten denken. Wir waren arm, und wir hatten immer Ärger mit den Geschäften, und wenn dann der Monatserste kam, hatte ich oft nicht mehr als drei fünfzig übrig von meinem Lohn, aber was für einen Humor wir immer hatten! Hier herrschte ein ohrenbetäubender Lärm, die ›Mama‹, die jetzt auf dem Land verheiratet ist, war ungewöhnlich begabt im Radaumachen, und die Liebe und ihre Verlobung taten dem nicht den geringsten Abbruch. Wir konnten abends immer lachen, bis wir aufhören mussten, um unsere edleren Teile nicht zu überanstrengen, und mehr als einmal hatte ich so viel geredet, dass ich kaum mehr ein Krächzen rausbekam.«

»Dann ist es nicht verwunderlich, dass du es jetzt still findest«, meinte ich.

»Verwunderlich! Baby läuft hier rum mit bleichen Wangen, und ihr Rockbund wird immer weiter …«

»Wundert dich das?«, sagte ich und hörte einen Hauch von Tadel in meiner Stimme. »Enttäuscht von der Liebe …«

»Ach, was war das denn schon für eine Liebe!«

»Die erste, Eva«, sagte ich. »Und damit ist genug gesagt. Und dann ist sie auch noch arbeitslos.«

»Ja, das gebe ich zu, das ist ernster. Glaubst du, dass sie sich draußen nach einer Stelle umtut?«

»Ja, sicher«, sagte ich. »Sie gibt nicht auf. Sie hat sich in den Kopf gesetzt, dass sie nicht aus Stockholm wegwill, obwohl ihre Mutter schreibt, dass sie sie zu Hause in Oskarshamn haben will oder wo auch immer.«

»So sind wir doch alle«, sagte Eva. »Wir reden oft schlecht von Stockholm, und kann sein, dass wir dafür auch gute Gründe haben, aber wir lieben die Stadt mit einer hoffnungslosen und unausrottbaren Liebe. Wir bekommen nur so wenig mit von all dem Schönen und Frohen und Erhebenden, das Stockholm zu bieten hat, denn was wir am meisten spüren, ist der Dreck auf den Straßen und die Steuern und die teuren Mieten. Aber versuch bloß nicht, uns nach Oskarshamn zu schicken! Wir würden gehen und uns verzehren vor Sehnsucht nach all dem, worüber wir jetzt jammern. Hier kann jedenfalls alles passieren.«

»Solange wir jung sind, ja«, meinte ich. »Aber stell dir vor, was danach kommt!«

»Ich verbiete dir, von danach zu reden«, murmelte Eva mit düsterer Stimme. »Ich wage mir nicht auszumalen, wie ich im Bestattungsinstitut verschrumple, fünfzehn Kronen Lohnerhöhung im Monat bekomme und Emmy immer ähnlicher werde.«

»Ich mag Emmy trotzdem«, sagte ich. »So, wie man eine arglose und friedliche Schildkröte mag.«

»Ja, du kannst von mir aus zufrieden sein, wenn du Schildkröten in deinem engsten Freundeskreis hast«, sagte Eva. »Aber mir reicht es nicht. Gerade dieses Schildkrötenartige, Heimlichtuerische an ihr macht mich so gereizt. Früher hat man gewusst, dass sie wenig, aber freundlich gedacht hat. Früher habe ich sie im Übrigen oft vergessen, habe sie eigentlich nur selten bemerkt. Aber jetzt macht sie mich so gereizt, dass es nicht mehr auszuhalten ist. Ich bin froh, dass ich nicht mit ihr verheiratet bin. Natürlich kann sich das auch wieder ändern, aber ich weiß im Moment nicht, wie das gehen sollte.«

»Ich glaube, ich weiß es«, sagte ich. »Weißt du, ich glaube, dass sie viel kränker ist, als alle ahnen. Aber sie schweigt und schluckt Acetylsalicylpulver. Drei oder vier Tabletten pro Tag, hab ich beobachtet. Aber es wird sicher ein Tag kommen, an dem das nicht mehr hilft.«

»Dann muss sie eben sechs nehmen«, sagte Eva ein bisschen herzlos. »Aspirin ist ja Gott sei Dank so billig.«

»Mensch, Eva«, sagte ich, »weißt du nicht, wie gefährlich das ist?«

»Viel besser als du«, sagte sie. »Ich hatte mal eine Phase, da war ich fast schon eine Sklavin dieses Genussmittels. Zuflucht und Fels in der Brandung für alle Sekretärinnen, wie du weißt! Schön und so billig und leicht zu beschaffen, wenn man diese brennenden Kopfschmerzen hat. Aber irgendwann merkte ich, dass ich anfing, Dinge zu vergessen, und da konnte es so wehtun, wie es wollte, ich hab lieber aufgehört.«

»Das war dann wohl der Moment, in dem du mit Blaudschen Pillen angefangen hast«, meinte ich, denn für diesen Artikel hat Eva noch heute eine Schwäche. »Aber glaubst du wirklich, dass noch jemand außer Emmy zwei oder drei pro Tag schluckt?«

»Ich weiß von einem Büro«, erzählte Eva, »da haben die Mädchen den Laufburschen ständig zur Apotheke geschickt. Bis der Chef einschritt, und dann mussten sie zusammenlegen, um ein ganzes Kilo Tabletten auf einmal abzunehmen. So ist eben das Büroleben, aber jetzt sind sie alle entweder tot oder verheiratet.«

»Du meinst, das sind die beiden Wahlmöglichkeiten?«

In dem Moment kam Baby, legte ihren Mantel auf einen Stuhl, ihre Handschuhe auf zwei weitere, die Brötchen auf den Tisch, und sie selbst landete auf dem Fell vorm Kachelofen.

»Ich habe jetzt einen Platz«, verkündete sie.

»Das seh ich«, sagte Eva, die die Lampe angeschaltet hatte. »Und das obendrein auf meinem Pelz.«

Ich war vom Sofa heruntergekommen und versuchte alle Haarnadeln wieder aufzuheben.

»*Wo*, Baby?«

»In einer Konditorei in der Sturegatan.«

»Wie viel kriegst du im Monat?«

»Ach ja, so viel ist es nicht. Fünfundvierzig zum Einstieg. Aber ...«

»Hast du vor, von Gebäck zu leben? Oder von dem Trinkgeld, das du von den Herren bekommst?«

»Du bist gemein, Pegg«, sagte Baby und schaute vorwurfsvoll vom Boden zu mir auf.

»Ja«, sagte ich, »während du ein kleines Rindvieh bist. Oder, Eva?«

Eva stimmte mir nachdrücklich (fast ein bisschen zu nachdrücklich) zu.

»Ihr könnt immer nur an mir rummäkeln«, sagte Baby weinerlich. »Wo ich doch mein Bestes tun will. Ihr ahnt ja nicht, wie viel ich gerannt bin und wie viele Absagen ich kassiert habe, seit ich bei den V. G. rausgeflogen bin.«

Es war Viertel nach sieben. Ich holte meinen Mantel und Hut, um noch einmal rauszugehen und Hilfe für Baby zu suchen. Aber diesmal dachte ich nicht an meinen Chef. Ich kann mich nicht mehr ungezwungen an ihn wenden. Seine Nähe macht mich nervös, doch wenn ich ihn nicht sehe, muss ich mich nach ihm sehnen. Und er … Nein, ich will nicht darüber schreiben. Ich habe auch aufgehört, von ihm zu erzählen, die anderen Mädchen würden bloß sagen: Gib ihm doch eine Ohrfeige. Aber wie könnte ich das tun? Im Geiste ohrfeige ich mich selbst jeden Tag, das ist alles, was ich machen kann.

Gerade als ich gehen wollte, sagte Baby:

»Hört mal, wo ist eigentlich Emmy?«

»Die ist noch nicht da.«

»Komisch.«

»Warum?«

»Hat sie nichts von der hässlichen Auseinandersetzung gestern vor den V. G. erzählt?«

»Nein, die Schildkröte ist nicht so mitteilsam. Was denn für eine Auseinandersetzung?«

»Tja, das war ein Riesenskandal, aber ich war nicht dabei, Pegg. Ungefähr zwölf bis fünfzehn Mädchen, die gehen mussten, haben es sich angewöhnt, vor dem Gebäude auf die anderen zu warten. Veranstalteten kleine Kabbeleien und sagten hässliche Worte – aber natürlich keine *ganz* hässlichen. Doch gestern, als die anderen Mädchen rauskamen, hatten sie alle ihre fünfzig Kronen extra bekommen, ›weil sie loyal gewesen sind‹, hatte der

Direktor gesagt, und da gab es tatsächlich ein paar, die sich den Versuch nicht verkneifen konnten, die anderen damit neidisch zu machen. Verstehst du?«

»Ja.«

»Und da wurden die anderen erst richtig wütend, und am Ende gab es einen Riesenstreit. Der Direktor war zum Glück schon gegangen, aber der Pförtner war noch da und scheuchte sie alle weg. Heute haben sie es dem Chef gesteckt, und er hat mit der Polizei gedroht, falls sich so etwas wiederholen sollte. Ich schäme mich.«

»Ich auch. Im Vergleich zu alldem ist *deine* Dummheit richtig geschmackvoll.« Und dann ging ich.

Doch Babys Dummheit war gar nichts gegen meine. Ich wusste nicht, dass mein Onkel Teilhaber bei den V. G. ist und sogar im Vorstand sitzt! Ich bin noch nie so platt gewesen. Statt einer Stelle für Baby bekam ich von meinem lieben Onkel, der sich im Innersten seines Kapitalistenherzens getroffen fühlte, einen Vortrag über die Genügsamkeit als Zierde der Frau, und »sie soll sich bloß in Acht nehmen, sich nicht von dem Geist der Auflösung anstecken zu lassen, der in der Zeit liegt«. Den Streik verurteilte er aufs Schärfste, und die Löhne, tja, das war eben eine Frage des Prinzips. »Wenn das Personal auf gesittete Art um einen Bonus gebeten hätte, hätte ich das in der Geschäftsführung unterstützt«, behauptete er. »Aber es war diese arrogante Art, liebe Elisabeth, diese Art … Und einer von denen, die diesen Fehler begangen hatten, jetzt einen Arbeitsplatz verschaffen, das kann ich wirklich nicht. Das wäre ungerecht gegen diejenigen, die sich korrekt verhalten haben. Die müssen ermuntert werden, und das machen wir in den Familien der Vorstandsmitglieder, indem wir ihnen Essenstage in unseren Häusern spendieren. Für sie ist es eine beträchtliche Ersparnis und für uns kein großes finanzielles Opfer.«

Letzteres hatte er witzig gemeint, aber jetzt war ich so richtig böse.

»Ja, komisch, dass ihr euch das leisten könnt, ihr habt doch bloß die zwanzig Prozent Gewinn von euren Aktien«, sagte ich mit zuckersüßer Stimme.

»Nur zehn, liebe Elisabeth, nur zehn«, sagte er, denn laut Geschäftsordnung darf es nicht mehr sein pro Aktie.

»Stimmt«, sagte ich, »das weiß ich ja. Deswegen habt ihr ja jede auch in zwei aufgeteilt.«

Das alles habe ich im Büro des Anwalts gelernt, und zu meiner Freude bremste es meinen Onkel ein wenig aus.

»Ich geh wohl mal kurz zur Tante und zu Görel in den Salon«, sagte ich.

Ich sah meinem Onkel an, dass ihm etwas auf der Zunge lag, aber er schwieg und nickte und seufzte erleichtert, als ich die Tür schloss.

Herrgott!

Auf dem Sofa saß meine dicke wohlgeborene Tante, mit Lorgnette und halbkurzen Ärmeln, und betrieb verbindliche Tischkonversation mit Emmy, die verängstigt und kerzengerade in einem der tiefen Sessel saß, während Görel hinten bei der Lampe über einem Buch döste – vermutlich der Doktorarbeit ihres Verlobten.

Ich dachte, mir wird schlecht, und merkte, wie mir das Blut in die Wangen stieg. Das nächste Gefühl war eine fast unbezwingbare Lust, meine Tante an den Schultern zu packen und zu schütteln und Görel mitzuteilen, dass sie ein Schaf sei.

Meine Tante grüßte mich wohlwollend, und ich sah ihr an, dass sie den Zeitpunkt meines Besuchs für unheimlich passend hielt. Es konnte schließlich nicht schaden, wenn ich sah, wie sie in aller Stille gute Werke tat. Görel, die offenbar ihren Verlobten erwartet hatte, gab sich keine Mühe, ihre Enttäuschung zu verbergen. Ich glaube, ich hätte etwas Unanständiges gesagt, wenn Emmy mir nicht doch leidgetan hätte. Natürlich war sie sich nicht über die schreckliche Ironie dieser Situation im Klaren, aber sie spürte, dass ich sie erwischt hatte, wie sie eine lächerliche Rolle spielte. Sie brach fast sofort auf. Sie wollten mich noch für Tee und Verlobten dabehalten, aber ich sagte, ich würde noch in die Oper gehen.

Als Emmy und ich aus der Tür traten, hakte ich sie unter und sagte:

»Ich wünschte, sie würden mich auch ab und zu mal einladen. Aber ich glaube, das hier erzählen wir den anderen lieber nicht.«

Als ich den Gustav Adolfs Torg erreicht hatte, erwachte in mir eine brennende Lust, den improvisierten Gedanken in die Tat umzusetzen und tatsächlich in die Oper zu gehen. Und das tat ich auch. Ich kaufte mir eine Karte für einen Platz für fünfundsiebzig Öre in der dritten Reihe, wo ich nicht mehr sah als ein paar weiße Blusenleibchen und Nackenkämme und nicht mal die, denn ich hörte mir den *Lohengrin* mit geschlossenen Augen an. Die Musik wirkte wie Coldcream auf meine Seele, sie wurde außen ganz glatt. Aber in meinem Innersten wohnte wie immer die dumpfe Unruhe, die schmerzhafte Vorahnung von etwas Unausweichlichem, das immer näher kommt.

Es war bitterkalt, als ich durch die halb leeren Straßen zurückging. Der Wind kam von den Ebenen in Uppland und fegte durch die Norrtullsgatan und die Drottninggatan wie ein Besen, der eine ganze Schneewolke vor sich herschiebt. Und ich, die ich den Kungsbacken hochtrabte, war wie ein Staubkorn, das sich wieder erheben und durch die Küchentür zurückkommen wollte. Es war so ein Abend, an dem sich die Herren, die einem unterwegs begegnen, nicht mal aufraffen können, die Figur einer Frau abzuschätzen, und an dem sich selbst die Besten von uns unbewusst nach einem Auto und einem Liebhaber sehnen.

Und da ich nicht zu den Besten gehörte, tat ich das ganz bewusst.

Und das Bedenkliche war, dass ich mir selbst sagte: *Es wäre die leichteste Übung für dich, dir beides zu beschaffen.*

Aber ...

13

DER STEUERTERMIN

Als wir uns gestern Morgen schweigend und hoch konzentriert anzogen, wobei wir die ganze Zeit schlotterten, denn es ist immer noch bitterkalt und die Heizung ziemlich asketisch, brach Eva plötzlich die Stille mit der Verkündigung:

»Heute ist der allerletzte Tag.«

»Wie meinst du das? Soll die Welt jetzt wieder untergehen?«, fragte ich.

Es schien mir, dass dieses Ereignis mich in diesem Augenblick ziemlich kaltlassen würde, am Morgen ist das Leben selten lustig.

»Schlimmer«, kam es von Baby aus dem Nebenzimmer. »Und versuch nicht uns vorzumachen, dass du das nicht wüsstest! Heute ist Steuertermin, wie ich weiß, und du musst bezahlen. Möchtest du vielleicht, dass ein Gerichtsvollzieher dir die Steuerforderung überbringt?«

»Kommt drauf an, wie er aussieht«, versuchte ich zu scherzen, während ich gleichzeitig begann, mich um mich selbst zu drehen, weil ich meinen Schlüsselbund suchte, um das Kuvert mit meinem Lohn aus der Schreibtischschublade zu holen.

Seufzend zählte ich die Zehner. Die Mädchen hatten recht, es war ganz schön schmerzlich. Ich wünschte mir dringend, verheiratet zu sein, weil ich überzeugt war, dass die meisten feinen Damen gar nicht wissen, wie so ein Steuerbescheid aussieht.

Eva und ich hatten verabredet, zusammen hinzugehen und das Opfer darzubringen, und um sechs zogen wir los. Die Frau vom Lädchen unten im Haus stand am Tor, und auf die gemütliche Art der Vasastan fragte sie mit einem verständnis- und teilnahmsvollen Lächeln, ob es um die Steuer ginge.

»Komm, wir beeilen uns«, sagte Eva, »dann haben wir's schnell hinter uns, und danach lad ich uns zum Konditor ein, komme, was da wolle!«

Als wir zum Opferplatz kamen, stand dort eine lange und verärgerte Schlange, zusammengesetzt aus Menschen mit demselben Vorhaben und den gleichen Gefühlen wie wir.

»Na, du musst doch zugeben, dass das wirklich rührend ist«, platzte Eva mit ihrer charakteristischen Stimme hervor, sodass die ganze Schlange wie auf Kommando den Kopf zu uns umdrehte. »Bitter genug, dass man sich von seinen paar spärlichen Münzen trennen muss, aber dass man dann auch noch Schlange stehen muss und sich obendrein bis zu den Knien tiefgefrieren lassen soll, das finde ich wirklich grässlich.«

»Hast du nie überlegt«, fragte ich, »dich zu weigern, Steuern zu zahlen, wie die englischen Suffragetten, solange du keine bürgerlichen Rechte hast?«

»Ja, wenn der Grund zählen würde, dann würden wir sicher eine schön lange Frist bekommen, aber am Ende läuft es ja doch darauf hinaus, dass sie sich unseren Schmuck und unser Familiensilber holen«, antwortete Eva.

»Ach wo«, sagte ein Mann hinter uns. »Die Polente würde Sie sich gleich krallen. Aufmucken bringt noch nichts in dieser Kapitalistengesellschaft.«

Eva ergriff sofort die Gelegenheit und begann mit dem Betreffenden zu flirten, während sie beide mit extrem aufrührerischen Reden die momentane Regierung absetzten und die Gesellschaft nach Marx' und Lasalles

Ideen umformten. Jemand wie Eva hätte ich mir früher nie vorstellen können. Sie hätte sicherlich mit demselben Erfolg den Ministerpräsidenten geblendet, indem sie sich mit ihm über die besonnene Entwicklung der Gesellschaft unterhielt, oder Professor Kjellén, indem sie sich über das Dreikammersystem ausließ.

Aber schließlich waren wir doch dran, und als wir mit großem Ernst unseren Tribut zum – ja, wozu eigentlich? – geleistet hatten und wieder hinauskamen, erblickten wir Baby – keuchend und verzweifelt.

»Mädels, haltet mich nicht zurück! Ich muss nach Hause und meinen Steuerbescheid und das Geld holen und wieder zurück sein, bevor sie schließen! Dabei weiß ich gar nicht so richtig, wo ich den hingelegt habe.«

»Ja, das kann ich dir auch nicht sagen«, bemerkte Eva. »Aber vorgestern hab ich deine Taufurkunde in Hjalmar Söderbergs *Gertrud* gefunden.«

Aber das hörte Baby gar nicht mehr. Sie war uns schon ein paar Pferdelängen voraus.

»Weißt du was?«, sagte ich. »Wir gehen nicht in die Konditorei. Aber wir kaufen uns ein halbes Pfund Kaffee und ein paar Stück Kuchen, und dann machen wir den Spirituskocher und die Petroleumlampen an, und wenn die anderen kommen, zeigen wir ihnen, dass wir unser Schicksal auch wie Philosophen tragen können.«

»Glaubst du, dass Sokrates sich Kuchen gekauft hat in den bitteren Stunden seines Lebens?«, fragte Eva. »Ich glaube ja eher, dass er zu seiner Geliebten ging. Wir gehen stattdessen in die Berlinerbageriet.«

Als die Mädchen heimkamen, strahlte der milde Schein der Petroleumlampen ihnen entgegen, und im Kachelofen brannte munter die Holzkiste, in der Eva ihre Weihnachtsgeschenke verwahrt hatte. Der Kaffeekessel sang auf dem Spirituskocher, und im Brotkorb lagen genau acht Stückchen Kuchen, nein, zehn, denn wir bekamen zwei umsonst, als die Verkäuferin hörte, dass wir auch Steuern hatten zahlen müssen. Sogar Emmys Miene hellte sich auf, und Baby begann sofort ihre Lieblingsballade zu singen:

»Wie ein Frühlingstag so schön,
wie ein Maitag so warm,
so sind der schwedischen Guttempler klopfende
Herzen ...«

»Sei doch still, Baby, um Gottes willen!«, sagte ich.

»Warum sagst du ›Gott‹, wenn du doch bloß den Assessor und seine Mutter meinst?«, sagte Baby vorwurfsvoll und sah mich mit großen Augen an. »Du bist sonst so reizend, aber ständig missbrauchst du Gottes Namen, ich hab richtig Angst, wie das mit dir noch enden soll. Wie konntest du damit nur anfangen?«

»Das habe ich getan, als ich aufhörte, an ihn zu glauben, meine Kleine«, sagte ich. »Übrigens finde ich es wirklich schlecht von mir, besonders jetzt, wo ich weiß, dass du daran Anstoß nimmst. Wer möchte Kaffee? So wie ich das höre, hat der jetzt genug gekocht.«

Aber nicht mal Kaffee konnte Babys Gedanken von höheren Dingen abwenden. Sie war ganz erschüttert von ihrem Steuerbescheid und allen möglichen anderen Dingen.

»Findest du nicht, dass das Leben schwer zu leben ist?«, sagte sie.

»Leicht ist es nicht«, sagte ich.

»Und sollte man nicht versuchen, ein bisschen nachzudenken, wenn so wunderliche und ungerechte Sachen passieren, und sich dazu einen kleinen Standpunkt zu überlegen?«

»Nein, Gott bewahre«, sagte ich und dachte in dem Moment gar nicht mehr an Babys Warnung von vorhin, »genau dann muss man es lassen. Eva, hilf mir, Baby will nachdenken! Einmal nachschenken und das Schifferklavier!«

»Lass das Kind doch nachdenken«, entschied Eva, die entschlossen unser altes Brot über der Lampe röstete.

»Ich finde, Nachdenken ist unsere Pflicht.« Von uns vieren ist es immer Eva, die eine Meinung hat und sie auch vertritt, was ganz schön stark von ihr ist. Sie fuhr fort: »Allein die Tatsache, dass man gezwungen ist, Steuern zu zahlen, ohne irgendeinen Einfluss darauf ausüben zu dürfen, wie die Gelder danach weggeschwindelt werden, kann einen schon zum Nachdenken über die Ordnung der Dinge bringen. Warum sollen auf der ganzen Welt nur die Mädchen, die eine achtjährige weiterführende Schule besucht haben, nicht nachdenken? Schaut euch doch mal die Arbeiter an! Glaubst du nicht, dass die denken, sowohl Männer als auch Frauen? Sie handeln übrigens auch.«

»Tun wir das denn nicht?«

»Doch, bewahre, aber du siehst ja, wie das geht. Man könnte genauso gut versuchen, die alten Brauereigäule von Stockholm zu organisieren. Wir haben bestimmt nicht so viel Solidaritätsgefühl wie die. Die sagen sich zumindest ein paar Nettigkeiten, wenn sie sich treffen. Aber wir, oh, es ist eine Schande.«

Ich blickte zu Emmy hinüber. Sie war ganz weiß im Gesicht und gekränkt.

»Du brennst ja richtig, Eva«, sagte ich. Was auch aufs Weißbrot zutraf, denn der ganze Laib war unten schwarz verbrannt.

Emmy stand sofort auf.

»Ich kann es euch genauso gut gleich sagen, dass ich vorhabe, am ersten April umzuziehen«, sagte sie und ging. Ich folgte ihr.

»Tut dein Rücken wieder weh, Emmy?«

»Der tut immer weh, das weißt du doch. Aber manchmal ist es schlimmer.«

»Kann ich dir helfen?«

»Nein, danke, ich nehm ein Pulver und geh ins Bett.«

Wir tauschten einen Blick, als ich hinauskam.

»Jetzt geht es gegen Ragnarök!«, sagte ich.

»Oh, Balder ist noch nicht tot!«, entgegnete Baby und schaute mich liebevoll an.

»Aber jetzt schleudere ich den Pfeil!«, deklamierte Eva und ließ das warme geröstete Weißbrot in meinen Schoß fallen.

Doch am Abend, als wir alle die Lichter ausgemacht hatten, zuckte ich zusammen von einer weichen, vorsichtigen Berührung. Es war Baby, die mir ihren Mund ans Ohr legte und flüsterte:

»Aber du glaubst doch wohl auf jeden Fall an Gott, Pegg, oder?«

»Tust du es?«, fragte ich und schlang die Decke um sie.

Sie schmiegte sich an mich und legte mir die Arme um den Hals.

»Oh ja«, flüsterte sie so leise, dass ich es kaum hören konnte. »Ich glaube, wie ich es immer gemacht habe, an jeden Buchstaben in der ganzen Bibel. Pegg, mir will gar nicht in den Kopf gehen, wie man das nicht tun kann. Bitte sag, dass du es auch tust.«

»Das kann ich nicht, Baby. Es ist lange her, dass ich das konnte.«

»Wie fühlt sich das an?«, flüsterte Baby entsetzt. »Und du hast doch nicht mal eine Mutter.«

»Ein bisschen einsam, Baby, aber man muss sich eben auf sich selbst verlassen.« Aber ich verriet Baby nicht, wie jämmerlich ich mich fühlte.

»Glaubst du nicht, dass das wiederkommt, Pegg?«

»Baby, ich weiß nicht, aber es kann passieren, wenn ich alt werde und auf den Tod warte.«

»Oh ja, das glaube ich auch«, sagte Baby erleichtert und gab mir einen Kuss. »Du bist viel zu nett, um nicht selig zu werden. Unglaublich, dass du *trotzdem* so süß sein kannst.«

»So, jetzt darfst du aber gehen und dich hinlegen, Kleine«, sagte ich. »Sonst erkältest du dich noch.«

14

IMMER NOCH FEBRUAR

Görel verbringt mit ihrem Studienrat die Flitterwochen in Nizza, und ich war beteiligt daran, dass es zu diesen Flitterwochen kommen konnte, nämlich auf der Hochzeitsfeier im Grand Hôtel.

Ich war aufrichtig eingeladen, doch ich zögerte, denn die Zeiten sind schlecht, und die weltlichen Vergnügungen, selbst wenn sie von so zweifelhafter Art sind, wie die Hochzeit anderer Leute, sind moralisch kaum berechtigt, nachdem der Streik ein Verlustgeschäft war, Baby in der Konditorei in der Sturegatan hinterm Tresen steht und der Preis des Petroleums bei achtzehn Öre pro Liter.

Aber die Truppe hatte es sich in den Kopf gesetzt,

dass ich gehen sollte, und als ich erklärte, dass ich keine Lust hätte, zwischen all den blitzenden und blinkenden Gesellschaftshühnern als die arme Verwandte aufzutreten, drapiert in Bescheidenheit und frisch gebügelten Musselin mit einem zweimal verpfändeten und wieder eingelösten Goldherz am Samtband um den Hals, antworteten sie, dass ich mir um meine Ausstattung keine Sorgen zu machen brauche.

»Du sollst bekommen, was du brauchst«, sagte Eva, »dafür verpfände ich die Ehre der Truppe.«

»Für *die* bekommst du nicht viel beim Pfandleiher«, wandte ich pessimistisch ein.

»Zweifle nicht, sondern glaube«, ermahnte Eva, »es wird alles in Ordnung kommen, solange du nicht zu geizig bist, dir was zu leihen, wie wir anderen das auch machen, wenn schon einmal alle zwei Jahre ein Generalbesäufnis stattfindet.«

Und ganz recht, am Tag vor der Hochzeit kam Baby mit einem Seidenunterrock, den sie ich weiß nicht wo ausgeliehen hatte, und Eva mit einem charmanten langen Schal aus Chiffon und Spitze sowie einem Fächer. Ich hatte mir ein paar wunderschöne lange, weiße Handschuhe gekauft und auf allerlei verzichtet, um mir einen kleinen goldenen Schmetterling im Haar leisten zu können.

Gerda, die Frau ohne Liebhaber, die eine betörende Leidenschaft hat für alles, was sich Kleider nennt, kam eines Abends netterweise zu uns und wurde zu meinem weißen Kleid aus Rohseide konsultiert. Sie ist ein absolutes Genie und hätte Schneiderin werden sollen, vielleicht kann sie ja noch umsatteln. Das Ergebnis ihrer Genialität, meines Fleißes und einiger Meter Spitze bedeutete eine ziemliche Befriedigung für meinen ramponierten Ehrgeiz.

Alle Mädchen halfen mit, mich fertig zu machen, aber es kam dazu, dass Eva einen Knopf wieder annähen musste, nachdem ich das Kleid schon angezogen hatte, und ich dachte erst daran, als es zu spät war. Jetzt werde ich also nicht heiraten, und daran dachte ich die ganze Strecke im Wagen meines Onkels. Es fühlte sich sehr traurig an. Die Truppe hatte mich zum Abschied geküsst und aufmunternd gesagt: »Du bist so süß, jetzt mach eine gute Partie und denk an uns, wenn du ins Grand Hôtel kommst!«, aber trotzdem war ich ziemlich schmerzlich berührt.

Mein Leiden währte jedoch nur kurz, um elf war ich wieder zu Hause.

Die ganze Truppe kam im Nachthemd auf den Flur und sagte:

»Uuuuund?«

»Hochzeiten«, sagte ich gereizt, »sind lächerliche, unappetitliche Veranstaltungen. Das Einzige, was mich darüber hinwegtröstet, dass ich keine Aussichten habe – dank dir, Eva – zu heiraten, ist der Umstand, dass ich diese Komödie nicht mitmachen muss.«

»Ich stimme dir zu – theoretisch«, sagte Eva. »Aber denk dir lieber:

»Zusammengehören, und niemand weiß es,
kein Haus, kein Heim, keine Alltagssorgen haben.«

Babys Augen leuchteten auf, als sie ihren geliebten Levertin hörte, und sie fiel ein:

»Als des Juniabends helle Dämm'rung fiel,
der zerbrechliche und weiße Schleier eines
Brautabends,
der in seinem leichten Gewebe hielt die Stadt,
standen sie noch lang in Fensternischen,
die Heimatlosen, die einander liebten,
doch wie ein Heiligtum es vor der Welt verbargen,
eine einsame Frau und ein einsamer Mann,
die sich heimlich Gesellschaft geleistet
auf der Fahrt nach oben.«

Baby, die monatelang nur über Themen von allgemeinem Interesse gesprochen hatte, bekam offensichtlich einen Rückfall. Sie saß mit angezogenen Beinen in meiner Sofaecke, das Nachthemd straff über die nackten Füße gezogen, während das Haar ihr frei über die Schultern fiel. Als ich mich vorbeugte, um sie anzuschauen, sah ich, dass sie die Augen geschlossen hatte, während ihr Mund lächelte, geistesabwesend und glücklich. Und ich hörte ein leises Flüstern, das mein geübtes Ohr deutete als: »*Zwei Menschen* ...« Wenn Baby sentimental ist, verfällt sie immer ins Dänische. Das sind die Nachwirkungen von Jenny Blicher-Clausen und Ingeborg Maria Sick.

Ich liebe Baby, aber in diesem Augenblick brachte sie mich auf Zinne. Und als dann auch noch Eva »die Heimatlosen, die sich lieben« anfing zu wiederholen, während sie sich Vademecum-Mundwasser in ihr Wasserglas mischte, einen Tropfen für jeden Jambus, konnte ich mich nicht mehr beherrschen.

»Jetzt versuch doch nicht, die Unmoralische zu spielen«, sagte ich. »Am Ende bist du doch nur eine kleine Spießerin, die überglücklich wäre, wenn sie jemand ehrlich heiraten wollte, sodass du endlich nicht mehr Gustafson heißt und morgens im Bett liegen bleiben kannst, so lange du willst.«

Die einzigen Gelegenheiten im Leben, bei denen Eva sprachlos ist, sind die, wenn sie Wasser im Mund hat, und ich passe sie immer ab, damit ich ihr mal meine ehrliche Meinung sagen kann. Dann tanzt sie immer wild um mich herum und schwenkt drohend ihre Zahnbürste, während sie jeden Moment zu ersticken droht, bis sie endlich wieder sprechen kann. Aber dann!

»*Woher willst du wissen*, dass es keinen gibt, der will?«, kam es zum Schluss in sehr überzeugendem Ton.

Baby wachte auf.

»*Wer*, Eva?«, fragte sie mit gieriger Miene.

»Das ist doch bloß ein Bluff, Baby«, sagte ich überlegen. »Aber ihr habt mich überhaupt nicht nach der Hochzeit gefragt.«

»Waren schöne Frauen da? Hatten sie schöne Kleider?«, fragte Eva, und ich merkte, dass sie froh war, mit heiler Haut davonzukommen, nachdem sie gerade unfreiwillig so eine Dummheit begangen hatte.

»Wo es schöne Frauen gibt, gibt es immer noch schönere Kleider«, antwortete ich, »und dort gab es beides. Aber fast alle waren so langweilig wie Tapeten. Ich hab mich selbst gefragt, wie es sein kann, dass wir, die wir kaum Zeit haben, uns die Nägel zu schneiden, ganz zu schweigen davon, höhere Interessen zu verfolgen, im Schnitt trotzdem so viel netter und lustiger sind. Denn das sind wir. Ich finde, wir sind richtig angenehm und vernünftig im Umgang. Was man wirklich nicht von allen Frauen behaupten kann.«

»Ja«, meinte Eva gedankenverloren. »Aber sag das mal jemand. Sekretärinnen! Da sehen die Leute immer gleich ein Bild vor ihrem inneren Auge: gestärkte Kragen und Wachstuchärmel, Tintenflecke, Unbeholfenheit und etwas Unweibliches. Wir sind Rosen, die im Verborgenen blühen, aber wenn die Leute wüssten, wie unser Leben uns weise und anspruchslos macht, wie geistesgegenwärtig und geduldig, wären wir alle heiß begehrt.«

»Glaubst du das wirklich?«, fragte Baby ein bisschen zu andächtig.

»Natürlich glaube ich das. Ich finde, dass man als Sekretärin das beste Exemplar einer perfekten Ehefrau abgibt. Viel besser als ein Mädchen, das immer noch bei seinen Eltern wohnt. Denn solche Mädchen sind für gewöhnlich ängstliche kleine Häschen.«

»Und du bist so weit im Leben gekommen und weißt nicht, dass Männer solche Frauen am meisten schätzen?«, sagte ich, um sie zu ärgern. »Weißt du nicht, du kleines Rindvieh, dass die Männer Frauen lieben, die nicht genug Verstand haben, um auf der richtigen Seite in die Straßenbahn zu steigen oder das Umsteigen zu lernen oder ihr Reisegepäck aufzugeben?«

»Das ist nicht unbedingt *meine* Erfahrung«, sagte sie mit einem kleinen, geheimnisvollen Lächeln, das mir Grund zu der Annahme gab, dass sich wirklich irgendein Ereignis anbahnte. Ich wollte schon fast fragen, dachte mir aber dann: Ich werd's schon erfahren.

Dann wechselte sie plötzlich erneut das Thema.

»Und, war deine Cousine teuer verpackt?«

»Du redest ja, als wäre sie ein halbes Gramm Aspirin«, antwortete ich. »Aber ja, darauf kannst du dich verlassen. Wenn du alle unsere Monatslöhne zusammenlegst, bist du ungefähr bei der Hälfte von dem, was die Verpackung gekostet hat.«

»War sie gerührt?«

»Ja«, sagte ich. »In ein entzückendes Taschentuch, das einmal meiner Großmutter gehört hat. War das nicht unverschämt? Natürlich hätte *ich* das mal erben sollen. Ich musste während der ganzen Trauung daran denken.«

»Schämst du dich gar nicht, von so was zu erzählen? Gab es gutes Essen? Hast du viel Champagner getrunken? Als wir abends hier saßen und uns zum dritten Mal an diesem Tag an Brot satt aßen, an unseren ewigen belegten Broten, haben wir an dich gedacht.«

Auf dem Tisch am Fenster, mit einer Ausgabe der *Dagens Nyheter* als Tablett, standen ein leerer Brotkorb, ein Butterfass und ein paar Flaschen, ein wohlbekannter und für mich, die ich noch das Kristall- und Weinglitzern vom Grand Hôtel in den Augen hatte, fast schon rührender Anblick.

»Oh«, sagte ich, »habt ihr vielleicht noch ein Pils übrig? Und ein belegtes Brot? Oder einfach nur so ein Stück Brot? Ich will mein eigenes Essen haben. Ich will die Spießer nicht beneiden um ihre Trüffel und Diamanten. Ich will mit mir selbst und meinem Leben und meinem Pils zufrieden sein.«

»Ist halt kein richtiges Pils«, sagte Baby, die mit einer Flasche in der Hand auf der Schwelle stand. »Und ein halbes Weißbrot kannst du haben, aber nicht mehr, denn das andere muss noch bis morgen reichen.«

»Du hast noch kein Wort von den Herren erzählt«, sagte Eva.

»Das Beste zum Schluss. Oh, und weißt du, ich bin einem alten Flirt vom letzten Sommer vorgestellt worden! Wir haben uns richtig gut amüsiert.«

»Schwärmt er immer noch für dich?«

»Ja, sehr sogar. Insbesondere, als ich bei passender Gelegenheit einfließen ließ, dass ich einen anderen liebe.«

»Deinen Chef?!«

»Denn dann behauptete er, dass jetzt genau der richtige Zeitpunkt gekommen sei, um noch mal von vorne anzufangen.«

»Und, habt ihr?«

»Ja, ich hab ihm gesagt, dass er mir gleichgültig ist, und da erklärte er, dass er glaube, ich würde mich für alle Männer interessieren, sogar für die, die ich früher mal geliebt habe. Aber ich sagte, dass er nicht das Unmögliche begehren solle. – Habt ihr wirklich kein Brot mehr?«

»Doch, wenn du versprichst, gleich morgen früh in den Laden zu rennen, bevor ich aus dem Haus gehe«, sagte Baby, »dann kannst du meine Frühstücksportion haben.« Sie ließ sich auf den Boden gleiten und sang leise im Davongehen:

»Zusammengehören, und niemand weiß es …«

Eva und ich sahen ihr nach. Sie ist zu süß für die Konditorei, fanden wir alle beide. Da rief mich Emmy, und ich ging zu ihr ins Zimmer.

»Ich wollte nicht unbedingt fragen da drinnen«, sagte sie, »aber was hatte deine Tante eigentlich an?«

Und ich musste mich hinsetzen und es ihr erzählen, während sie nähte, obwohl ich todmüde und schläfrig war. Schließlich wandte sie mir ein bleiches, gequältes Gesicht zu.

»Siehst du, jetzt bin ich fertig mit dem Wandbehang«, sagte sie. »Lerne zu leiden, ohne zu klagen! Und morgen geh ich zum Arzt. Ich hab gestern die Quartalszahlung für die Kranken- und Begräbniskasse geleistet. Also ist jetzt alles fertig. Also, dass diese Frau tatsächlich in Lila gekommen ist, wo sie doch so dick ist!«

Als wir es endlich geschafft hatten, uns schlafen zu legen, und Eva und ich alleine waren, sagte sie:

»Pegg, sei mir nicht böse, aber ich finde, wenn ein Mädchen wie du sich auf einer Hochzeit bloß langweilt, dann ist es wahrscheinlich, weil einer, den sie sehr gernhat, nicht dabei war.«

Ich zuckte zusammen, wie immer, wenn jemand bewusst oder unbewusst ins Schwarze trifft.

»Es waren viele nicht da, die ich sehr gernhabe«, gab ich kurz angebunden zurück. Aber ich wusste ja, dass sie recht hatte. Ich weiß ja, dass es schon so weit gekommen ist, dass ich mir, so wie unser Erdball, all mein Licht von einem anderen leihen muss.

»Pegg, nimm dich in Acht«, sagte Eva milde. »Ich habe solche Angst, dass es etwas Ernstes ist. Du bist so verändert.«

»Genauso wie gewisse andere.«

»Genauso wie gewisse andere, stimmt. Aber nicht aus demselben Grund. Und ich finde, wenn eine Sekretärin ihren Chef so vergöttert, dann kann sie gleich nach Hause gehen. Ich bin schon länger in diesem Job als du.«

»Ja, das musst du wohl sein, denn ich verstehe überhaupt nicht, was du meinst.«

»Du verstehst es schon, aber da du es gerne ausformuliert haben willst, werde ich dir jetzt sagen, dass es mehr als nur einen Chef gibt, der gerne seine jungen, süßen Angestellten als Ergänzungsband für sein Familienlexikon haben möchte, und dafür sind wir doch wohl zu schade, in Gottes Namen.«

»Wenn du damit auf *meinen* Chef abhebst, lass dir gesagt sein, dass er gar keine Familie hat«, erwiderte ich.

»Aber du wirst trotzdem nichts anderes werden als ein Ergänzungsband«, meinte Eva. »Die Frau, die er eines Tages haben wird, wenn er denn mal fünfzig ist, besucht jetzt wahrscheinlich gerade ein Pensionat in der Schweiz und hat einen Vater mit einem Haus am Strandvägen.«

»Du bist immer so klug«, sagte ich.

15

Emmy kam nie zum Arzt. Aber der Arzt kam zu ihr. Nachdem sie ihre Angelegenheiten geordnet hatte, ihren Wandteppich fertig gestickt und in alle ihre Kassen eingezahlt hatte, mit einem Wort: als sie beschlossen hatte, krank zu werden, war es von einem Tag auf den anderen vorbei mit ihr. Am Morgen bekamen wir sie nicht aus dem Bett, sie lag einfach nur apathisch da, außer wenn sie leise über ihre Rückenschmerzen jammerte.

»Wir müssen den Arzt bitten, dass er herkommt«, sagte Eva.

»Ja«, sagte ich, »aber das ist doch furchtbar teuer.

Meinst du nicht, wir können noch einen Tag abwarten und sehen, ob sie dann wieder selbst gehen kann?«

»Wir reden hier natürlich von *unserem* Arzt, dann kostet es gar nichts«, antwortete Eva, die ganz überrascht war, dass ich so eine einfache Situation nicht im Griff hatte. »Weißt du nicht, wer unser Arzt ist?«

»Nein.«

»Das ist ja lustig. Er ist der netteste Arzt in ganz Stockholm. Wir sind ein ganzer Haufen, die immer zu ihm gehen, und er meint, von armen Sekretärinnen nimmt er nichts. Ich ruf ihn gleich an, aber glaubst du, du könntest zu Hause bleiben und ihn reinlassen?«

Das tat ich, und er kam gegen halb neun. Ich machte ihm die Wohnungstür mit einer Andacht auf, von der ich hoffte, dass man sie in meinem Wesen bemerkte. Es überraschte mich fast, dass er aussah wie ein ganz normaler Mensch. Ein Mann, der uns aus reiner Güte gab, ohne Entgelt dafür zu verlangen oder andere Rechte auf unsere Person! Der von selbst daran dachte, wie hart wir arbeiteten und wie schwer wir es hatten, und der sich für uns Mühe gab! Das musste wirklich ein ganz besonderer Mann sein. Aber ich bin froh, dass es ihn gibt, und wenn ich einmal bitter bin, werde ich an ihn denken.

Es wurde eine lange Untersuchung. Ich musste die Fragen des Arztes beantworten, denn Emmy selbst war dazu nicht mehr in der Lage. Das Ergebnis der Untersuchung lautete, dass sie unverzüglich ins Krankenhaus Sabbatsberg musste, um sich operieren zu lassen. Die Rückenschmerzen waren nur das Symptom für eine gefährliche Erkrankung der inneren Organe gewesen. »Ja, das ist ein trauriger Fall, aber gar nicht ungewöhnlich«, meinte der Arzt. »Gerade der weibliche Körper ist für dieses unnatürliche Stillsitzen nicht geschaffen, und dazu kommt dann noch die Überanstrengung und die schmale Kost. Sie hätte schon früher Hilfe suchen müssen. Ich verstehe nicht, warum sie so lange gewartet hat, denn ganz sicher hat sie schon länger Schmerzen gehabt.«

Ich verstehe es, dachte ich.

»Glauben Sie, dass sie nie wieder gesund wird, Herr Doktor?«

Er antwortete, dass er sich dazu nicht zu äußern wage. Und dann schaute er mich an und sagte:

»Sie selbst sehen aber auch nicht gerade taufrisch aus.«

»Und wenn schon«, sagte ich, »ich bin noch neu im Job, also habe ich kein Recht, dass es mir im Geringsten schlecht gehen dürfte.«

(Tatsächlich hatte ich *durchaus* berufsbedingte Rückenschmerzen, wenn ich zu lange vor der Schreibmaschine gesessen hatte.)

»Kümmern Sie sich auf jeden Fall rechtzeitig um sich«, sagte der Arzt mit einiger Autorität. »Denn glauben Sie mir, sonst halten Sie nicht lange durch.«

Ich zuckte mit den Schultern.

»Das macht nichts.«

»Es gibt viele junge Mädchen, die mir diese Antwort geben«, sagte er sanftmütig, aber in einem Ton, als wäre ich ein dummes kleines Kind. »Was ist denn los mit Ihnen allen? Haben Sie keine Lebenslust? Ohne die kann man sein Essen nicht verdauen, wie Sie vielleicht wissen.«

»Oh«, sagte ich nur, »um *unser* Essen zu verdauen, kann gar nicht so schrecklich viel Lebenslust draufgehen.«

Ich musste aufzählen, was wir so aßen: Kaffee, belegte Brote, Schokolade, belegte Brote, Mittagessen in der Haushaltsschule, Tee und Malzbier und belegte Brote.

Er war ganz verblüfft und richtete ein paar mahnende Worte an mich, er stellte einen Essensplan auf und sagte, dass er einen Leserbrief an die Zeitungen schreiben werde. Ich glaube sogar, dass er von der nächsten Generation sprach, mit einem Wort, er wurde richtig lyrisch. Als er ging, hatte er eine Bewunderin mehr. Ich hoffe, dass man im Himmel Schätze sammeln kann.

Dann kam Emmy nach Sabbatsberg, und es kehrte wieder vollkommene Harmonie ein in der Truppe, auch wenn ein Schleier von Wehmut darüberlag. Wir besuchen Emmy, so oft wir können, sie ist noch zu dünn für eine Operation. Mir graust es, wenn ich an ihr Schicksal denke, seit meinem Gespräch mit dem Arzt glaube ich, dass ihr Los mein zukünftiges spiegelt. Es stimmt natürlich nicht, dass es mir egal ist. Im Gegenteil, mein Leben kommt mir kostbar vor, wichtig und aller Mühen wert, die man sich damit gibt. Der Gedanke an den Tod verfolgt mich seit einiger Zeit wie ein kalter Schatten, und er kämpft mit meiner Lebenslust immer schneller um meine Seele. Ich zähle meine Jahre und bekomme solche Sehnsucht, das Leben in mein Herz zu pressen, auch wenn ich mich daran verbrenne. Aber es kommt aufs Gleiche heraus, denn egal wie ich mich verhalte, werde ich doch ausgelaugt und fünfunddreißig Jahre alt und nach Sabbatsberg kommen.

Und mitten in dieser Ist-doch-egal-was-ich-tue-Stimmung musste ich mir selbst sagen, dass ich verliebt in ihn bin, und dass er es weiß! Wie es so weit kommen konnte, weiß ich nicht, und wie eine Liebe ohne Vorteile oder Illusionen Bestand haben und Macht über einen haben kann, weiß ich auch nicht. Ich weiß nur, dass diese Situation nicht haltbar ist und dass ich in einer ständigen Nervenanspannung lebe. Ständig gibt es Szenen, und wäre das Ganze nicht gewesen, hätten die Bücher am Ende des Jahres viel schneller gestimmt. Und so wurden sie nicht fertig bis gestern. Ich war wie immer am Nachmittag dort und der Anwalt ebenso. Und als ich dann endlich sah, dass es aufging, war es ebenso natürlich wie verzeihlich, dass ich aufsprang und einen Freudengesang anstimmte:

»Jetzt ist alles fertig!
Keine Minute zu frü-hüh!«

Da sah ich ihn an der Tür und zog mich reflexartig an die nächste Wand zurück. Da stand ich mucksmäuschenstill und sah ihm direkt in die Augen, wobei ich schnell und vernünftig dachte:

Jetzt geb ich's auf, denn ich bin ein großer Pechvogel.

Als meine Mutter jung war, war es noch einfacher, sich Männer und Männerliebe zu sichern. Damals war ein Arm um die Taille gleichbedeutend mit einem Ring am Finger, ein Kuss dasselbe wie eine Verlobungsanzeige, und man nahm kein Mädchen in den Arm, wenn man es nicht wirklich liebte.

Aber *heutzutage!*

Er nahm mich ohne ein Wort in die Arme und küsste mich, und ich bekam keinen Ton heraus, konnte mich nicht rühren.

(Gleich werde ich's ihm sagen, gleich …)

Dann nahm er mich, immer noch ohne ein Wort zu sagen, mit in sein Zimmer und setzte mich auf einen niedrigen Ledersessel, während er sich selbst mit dem Arm um meinen Hals auf die Armlehne setzte.

»Lassen Sie mich gehen«, sagte ich ohne Energie.

»Das haben Sie sich so gedacht«, sagte er, ohne einen Muskel zu bewegen. *Jetzt!*

Er klang so von sich selbst überzeugt, dass es mich reizte. Was vom Standpunkt der allgemeinen Moral meine einstweilige Rettung war.

»Oh ja«, sagte ich. »*Noch* sollten Sie sich Ihrer Sache nicht zu sicher sein.«

»Bei dir war ich mir vom ersten Moment an sicher!«, sagte er, um mich aufzumuntern.

In dem Moment fiel mir ein, dass er einmal gesagt hatte, wie lustig es sei, mich richtig böse zu sehen, und deswegen lachte ich nur so ärgerlich wie möglich und versuchte aufzustehen. Aber versuchen Sie mal, aus einem niedrigen Ledersessel hochzukommen, wenn jemand Starkes auf der Lehne sitzt und einen nicht hochlassen will! – Ich muss mein Mundwerk gebrauchen, dachte ich, aber heulen tu ich erst dann, wenn alles andere nichts geholfen hat.

Und die ganze Zeit wusste ich, dass der Ausgang nicht von ihm abhing – auch wenn es scheinbar so aussah, als würde er die Situation beherrschen –, sondern von mir. Aber ich war eine Närrin und liebte ihn.

Wie oft habe ich die stereotype Frage gedruckt gesehen: Willst du meine Frau werden? Ich habe mich mehrfach gefragt, ob sie in Wirklichkeit auch so oft angewendet wird, aber jetzt kam sie trotzdem, das heißt, nicht wortwörtlich, weil er absichtlich das Wort »Frau« ausließ.

Ich schüttelte den Kopf.

Das beeindruckte ihn gar nicht.

»Warum denn nicht?«, fragte er in leicht überlegenem Ton.

»Ich habe einen kleinen, lächerlichen Grund«, sagte ich. »Sie lieben mich nicht.«

»Pah!«, gab er zurück. »Das hätte ich mir gleich denken können, dass Sie damit kommen würden. Aber wenn ich Sie nun ›lieben‹ würde?«

Er spricht das Verb immer mit deutlichen und verächtlichen Anführungszeichen aus.

»Wenn Sie es täten«, sagte ich, »glaube ich, dass Sie alles von mir kriegen könnten!«

»Woher wissen Sie, dass ich es nicht tue?«

»Weil Sie mich behandeln, wie Sie mich behandeln!«, sagte ich. »Das würden Sie andernfalls nie machen.«

Als ich diese Worte aussprach, hatte ich im selben Augenblick Gewissheit, und an dieser Gewissheit hielt ich mich fest, mit jedem bisschen weiblichen Stolz, den ich in der Eile aufbringen konnte.

»Wenn ich Sie ›lieben‹« – wieder die Anführungszeichen – »würde, dann würden Sie also machen, worum ich Sie in diesem Fall gar nicht bitten würde?«, sagte er. »Oder was? Schöne Logik. Sie winden sich. Sie reden sich raus. Sind Sie feige wie alle anderen? Oder nein, das ist doch bestimmt nur eine Kriegslist?«

Das war alles, was ich gewann. Nie zuvor hatte er mir so deutlich gezeigt, wie wenig Respekt er vor mir hatte. Mir schwand der Mut.

»Lassen Sie mich gehen«, sagte ich erneut, aber kläglicher.

»Bitte sehr«, antwortete er kalt. »Nichts hält Sie zurück.«

Aber dann hielt mich doch etwas zurück, denn als ich aufstehen wollte, hatte sich ein Knopf seines Jackenärmels in meinem Haar verhakt.

»Geben Sie's zu, Sie fühlen sich doch zu mir hingezogen«, witzelte er.

»Ich hab immer so ein Pech«, erwiderte ich und musste wider Willen lachen. »Ich bleibe immer an allen möglichen Untieren hängen, die meine Zeit nicht im Geringsten wert sind.«

»Danke sehr!«, sagte er.

»Keine Ursache«, antwortete ich erleichtert und ging zur Tür.

»Sagen Sie nicht mal Auf Wiedersehen?«

Ich drehte mich um. Seine Stimme klang müde, und in seinem Blick las ich zumindest Enttäuschung und Wehmut.

Und dann machte ich alles wieder zunichte.

Ich ging geradewegs auf ihn zu und schmiegte mich freiwillig in seine Arme.

»Elisabeth. Ich hab's doch gewusst!«

Ich weiß nicht, wie lange wir so dastanden, zum Schluss flüsterte er mir etwas ins Ohr, und mir wurde ganz kalt von einer Angst, wie ich sie noch nie gespürt hatte.

Und bevor er Zeit hatte, sich zu besinnen, floh ich, panisch und mit rasendem Puls.

Zitternd wie ein galvanisierter Frosch ging ich nach Hause und dachte:

»Wo soll das bloß hinführen?«

Und vor meinem inneren Auge sah ich ihn in seinem Auto sitzen, unterwegs zu irgendeiner Pokerrunde, und ich las seine Gedanken: Jetzt brauche ich nur noch ein bisschen abzuwarten, und dann …

Mitten in alldem konnte ich mir nicht verkneifen, am Abend dann über Eva zu lachen. Sie lief wie eine Schlafwandlerin durchs Zimmer, ohne mich zu bemerken, ohne daran zu denken, wo sie war oder was sie tat.

»Eva!«, rief ich schließlich. »Wach auf!«

Da schreckte sie zusammen und schaute mich aus weit aufgerissenen Augen an.

»Soll ... soll ich dir dein Kleid aufhaken?«

»Nein, danke!«, sagte ich zitternd. »Aber du sollst dich hier an mein Bett setzen und mich fünf Minuten weinen lassen, denn ich bin so unglücklich, und wenn es mir gut geht, dann ist es sicher nur Zufall!«

16

14. MÄRZ, ABER KALT

»Du, ich muss dir was erzählen«, sagte Eva.

»Darauf hab ich schon lange gewartet«, sagte ich.

Sie ging zur Tür und machte sie zu.

»Es ist ein großes Geheimnis«, sagte sie. »Ich werde das Bestattungsbüro verlassen.«

»Und wohin gehst du dann?«, fragte ich.

»Ich werde aufhören zu arbeiten«, sagte sie stolz. »Ich hab einen abbekommen, der stattdessen für mich mitverdient.«

»Liebe Freundin, erzähl«, sagte ich mit einem heimlichen, kleinen, neidischen Seufzer. Warum, warum, dachte ich, ist es bei manchen so einfach und so verdammt schwierig für mich?

»Es ist das reinste Märchen«, sagte sie.

»Ja«, sagte ich, »ja, natürlich. Ein ganz neues.«

»Wir ... also, wir haben uns zum ersten Mal vor fünf Jahren getroffen, stell dir vor. Wir besuchten beide die Handelsschule in Göteborg und waren ungefähr gleich gut. Stell dir vor, und jetzt hat er viertausendsechshundert Kronen Festgehalt, und ich habe eintausend, ist das nicht seltsam?«

»Doch, sehr«, pflichtete ich ihr bei. »Und was dann?«

»Na ja, du kannst dir ja denken, dass man sich nicht unbedingt schon in der Handelsschule verlobt, auch wenn man sich recht gernhat. Es kann ja doch noch ein Prinz kommen, denkt man, und wir trennten uns ohne irgendwelche Versprechungen. Ich habe eine Anstellung gefunden, er auch, und dann haben wir uns aus den Augen verloren. Du weißt ja, wie das so ist.«

»Ja, weiß Gott«, sagte ich. »Es geht auseinander. Weiter.«

»Jetzt darfst du aber nicht glauben, dass ich ihn vergessen hätte«, fuhr Eva fort und nahm ihre Uhr zum zehnten Mal hoch, »aber ich hab mich nicht mehr so gut erinnert. Und dann ging ich ja total in meinen Alltagssorgen auf!«

»Ja, natürlich! Dafür bist du ja bekannt! Ist er dann nach Stockholm gekommen und hat dich gesucht?«

»Ich hab dir doch schon gesagt, dass es ein ganzer Roman ist«, sagte Eva gekränkt. »Oh nein, so einfach war das nicht, er kam zwar nach Stockholm, aber er hat mich nicht gesucht. Weißt du, er wusste ja nicht, dass ich auch hier war. Ab und zu kam mir mal zu Ohren, dass er in der Stadt war, über einen alten Freund, der ihn in der Engelbrektsgatan im grauen Mantel gesehen hatte. Das ist heute zwei Jahre her, und eine Weile bin ich tatsächlich rausgegangen und habe auf den Straßen nach ihm Ausschau gehalten, aber es tragen ja wirklich alle Herren graue Mäntel! Manchmal, wenn ich traurig war, suchte ich ihn im Telefonbuch und *schaute* einfach nur seinen Namen an.«

»Ach komm, wirklich?«, sagte ich. »Hör mal, jetzt bildest du dir garantiert ein, dass du die ganze Zeit nur an ihn gedacht hast! Weißt du nicht mehr, die Herren in dem Club, in dem ich dich zum ersten Mal getroffen habe, und diesen Mann in deinem vorherigen Büro, von dem du so oft erzählt hast? Diesen hier hast du nie erwähnt. Du darfst dir nicht einbilden, dass er deine einzige Liebe ist.«

»Ja, das kannst du nicht ab, dass die Leute Illusionen haben«, sagte Eva und warf den Kopf in den Nacken. »Du bist so gottverdammt illusionslos, zumindest behauptest du das. Wie spät ist es? Warum kommt Baby nicht?«

»Du wartest doch wohl nicht wirklich auf Baby«, sagte ich. »Du weißt genauso gut wie ich, dass sie einen Abendkurs für Stenografie besucht. Jetzt erzähl schon mehr, ich muss alles hören, bevor er kommt. Hast du ihn zum Schluss doch angerufen?«

»Ich nicht. Ich dachte die ganze Zeit, dass ich nichts mit ihm zu tun haben würde, bevor ein Auftrag für seine Beerdigung bei uns einging. Wenn es sich ergeben hätte, dann hätte ich wohl jemand anders geheiratet, da kannst du recht haben.«

»Er oder irgendjemand anders!«

»Genau, ja, aber jetzt ist es eben er geworden! Es war ein Tag kurz vor Weihnachten, als ein paar Mitarbeiter im Büro krank waren, und da kam der Chef und meinte, ich sollte um halb vier Pause machen und dann ins Büro zurückkommen. Ich war böse, aber musste gehorchen, also ging ich wie immer zum Sturebyffén. Ich weiß noch, dass ich mich fragte, wie die Zusammensetzung der Gäste um diese Zeit sein würde. An einem Fenstertisch saß ein Herr mit einer Zeitung …«

»Hat er dich von selbst bemerkt?«, fragte ich. »Denn dann ist er wohl der Richtige!«

»Er hat mich nicht bemerkt. Es gab Hammelsteaks, du weißt ja, wie schnell da die Sauce kalt wird. Aber als er die Zeitung sinken ließ, war er doch der Richtige, und er hatte sich wunderbar zurechtgewachsen.«

»Das hat sicher ein großes Hallo gegeben!«

»Überhaupt nicht. Ich bin einfach nur zu ihm hingegangen und hab gesagt: *Guten Tag, sind Sie das? Wie haben Sie sich denn hierher verirrt?*«

»Hast du nichts anderes gesagt?«, fragte ich.

»Nein, ach, doch, wie gemein du bist! Und er wurde ganz rot und antwortete: *Ich hab mich überhaupt nicht verirrt, ich habe mein Büro hier am Stureplan und esse hier seit einem Jahr jeden Tag.*«

»*Ich auch*, sagte ich, und dann wussten wir nicht mehr, was wir sagen sollten. Aber Pegg, findest du das nicht auch wundervoll? Dass wir ein ganzes Jahr durch dieselbe Tür gegangen sind und das gleiche Essen am selben Tisch gegessen haben, ohne es zu wissen? Und dann zufällig, weil eine Kollegin krank ist, komme ich früher, und wir entdecken uns. Ansonsten hätten wir unser ganzes Leben dort essen können und hätten nie etwas geahnt. Aber du glaubst ja nicht an Vorsehung, oder?«

»Nein, doch, das heißt, ich will deinen Verlobten zuerst sehen. Wann sollte er kommen? Um halb acht? Jetzt ist es sieben. Dann ist er ja in fünf Minuten hier. Wie habt ihr euch seitdem getroffen?«

»Er hat sofort seine Pausenzeiten geändert, sodass wir jetzt immer zur selben Zeit essen. Und wir wollen bis zum Sommer heiraten, so einen Charakter hat er.«

»Na, dann bist du jetzt also auch im Hafen gelandet«, sagte ich. »Aber meine Kleine, glaubst du, dass du glücklich wirst?«

»Glaubst du, ich heirate einfach ins Blaue hinein?«, antwortete sie gekränkt und ging zur Tür, um nach seinen Schritten zu lauschen, und ich dachte mir: Jetzt werden wir ihn gleich hierhaben.

»Das macht man doch wohl immer so«, meinte ich. »Und nicht alle heiraten, um mit ihrem *Mann* glücklich zu werden.«

»Pfui, Pegg, du bist ja abscheulich! Glaubst du nicht an die Liebe?«

»Oh nein«, sagte ich, »dazu hab ich zu viele geliebt. Glaubst du daran?«

»Nein«, sagte Eva. »Ich *weiß*, dass es sie gibt.«

Das klang so kindlich siegesgewiss, so unerschütterlich und erfolgreich, dass ich mich daneben gleich doppelt so elend fühlte.

Und dann kam er. Für mich war er eine tiefe Enttäuschung, ich fand, dass er so unangenehm war wie der Verlust eines Unterrocks, aber es ist auch nicht leicht für jeden, dem Vergleich mit dem Mann standzuhalten, den ich liebe. Und dieser hier hatte ja ein großes Plus: seine ehrlichen Absichten. Aber ich dachte mir, jetzt habe ich mal eine Ahnung, wie verzweifelt und machtlos sich ein

Vater und eine Mutter fühlen, wenn sie sehen, wie ihre Tochter sich und alles, was ihres ist, vorbehaltlos und blind einem Mann schenkt, dem sie ihre Tochter überhaupt nicht gönnen.

»Du hast mir noch gar nicht gratuliert«, sagte Eva, als er wieder gegangen war.

Ich versuchte es, doch in dem Moment brach mir die Stimme. Wenn ich nicht so nervös gewesen wäre von meiner täglichen Qual im Büro, wäre mir das nie passiert.

»Entschuldige bitte, ich freu mich einfach nur so, Eva«, behauptete ich, »ich freue mich für dich. Aber wenn ich eines Tages wild werde und von hier weggehe, kannst du dann auf Putte aufpassen, bis es mir gelungen ist, mein Leben ein bisschen zu organisieren?«

»Dass du so einen Mann lieben kannst«, sagte Eva, womit sie unbewusst die Frage wiederholte, die ich ihr insgeheim gestellt hatte. »Der leidet doch an ganz gewöhnlicher Verführungsmanie.«

»Ach, mit meiner Liebe ist es nicht so schlimm«, sagte ich knapp. »Es ist eher mein Unbehagen, ihn ständig sehen zu müssen. Und ich spüre, dass ich weggehen sollte.«

»Das du ein solches Untier so gernhaben kannst! Du kennst doch seinen Ruf.«

»Ich kenne noch mehr als das«, sagte ich, »aber es würde sicher vorbeigehen, wenn ich ihn nicht ständig sehen müsste.«

Keine von uns hatte Baby bemerkt, bevor sie an unserem Tisch war.

»Wird Pegg weggehen?«, fragte sie erschrocken. »Dann ist es aus mit der Truppe.«

»Du musst ganz oft kommen und mich besuchen, wenn ich erst mal verheiratet bin, Baby«, sagte Eva effektvoll. Und nach diesen Worten war ich vergessen.

Aber an jenem Abend war das Schicksal unserer Truppe besiegelt.

Eva wird das Büro Ende des nächsten Monats verlassen. Sie hat sich nun doch bequemt, Haushaltsführung zu erlernen, trotz all ihrer vorherigen Schwüre, dass das unnötig sei, weil sie nur einen Mann heiraten würde, der sich vorher verpflichtete, Beefsteakhack zu essen. Emmy wird wohl in nächster Zukunft, wie sie sich ausdrückte, »ganz alleine umziehen«, und was ich tue, das weiß der liebe Herrgott. Baby hat ein Angebot bekommen, direkt im Haushalt des Zuckerbäckers zu wohnen, und das wird ihre einzige Möglichkeit sein zu leben, wenn es ihr nicht gelingt, demnächst eine bessere Stelle zu finden.

Wie auch immer, unser kurzes, aber ehrenreiches Märchen ist bald aus.

Es war Allahs Wille.

17

19. MÄRZ

Bei meinem letzten Besuch bei Emmy bat sie mich, Putte beim nächsten Mal mitzubringen. Er war natürlich nicht allzu begeistert zu Anfang, aber ich redete mit ihm und appellierte an seine Gefühle als Gentleman. Ich sehe ihn jetzt noch vor meinem inneren Auge, wie er da vor mir steht und an seiner Mützenkante knabbert und versucht, keck auszusehen, während seine Augen groß und feucht werden, als ich von Tante Emmy erzähle, die sehr krank ist und solche Schmerzen hat und vielleicht nicht überleben wird. Dann sagt er: »Ich bin dabei, Pegg«, und legt seine kleine magere, braune, starke Hand in meine, und wenn ich sie nicht küsse, ist es nur, weil unser Vater auf dem Sterbebett sagte, dass ich Putte nicht verzärteln solle.

Das war letzten Sonntag, Sonne mit rascher Schneeschmelze, und Putte schlitterte bloß auf seinen Halbsohlen, dass das Wasser nur so um seine ganze Person spritzte. Ich hatte ein paar Schneeglöckchen auf dem Hötorget erstanden, die sollte Putte Emmy schenken, aber er wollte nicht. Es war fast rührend zu sehen, wie ihr Gesicht bei seinem Anblick verklärt zu leuchten begann, es war wie ein Aufblühen verborgener Mutterliebe, die jede Vernunft übersteigt.

Putte hatte natürlich nicht den Verstand, sich zu erkundigen, wie es ihr ging, oder seinem Mitgefühl oder seinen Hoffnungen Ausdruck zu verleihen. Es war Emmy, die mit ihm über die Schule und Hausaufgaben und Lehrer sprach, und so kam er in Fahrt und gab Geschichten von Görels Mann zum Besten, aber manchmal merkte er selbst, dass er zu laut wurde, und dann dämpfte er die Stimme mit einem kleinen, peinlich berührten Seitenblick auf mich.

Er brachte Emmy zum Lachen. Sie ging ganz in diesem Augenblick auf, ihr wehmütiger Blick hing an seinem kleinen Jungenmund, und ihr ganzes Gesicht drückte eine einzige, grenzenlose Sehnsucht aus, ihn küssen zu dürfen, mit den Händen über sein blondes, mit der

Schermaschine geschnittenes Haar zu fahren und seine kleinen, schmutzigen, knochigen Finger an ihrer Wange zu fühlen.

Obwohl ich es kaum übers Herz brachte, musste ich am Ende darauf drängen, dass Putte ging, und ich schickte ihn fort mit der Ermahnung, dass er ans Essen bei unserem Onkel und unserer Tante am Strandvägen denken solle. Und sowie er gegangen war, verschwand das Leuchten wieder von Emmys Gesicht, als hätte man einen Schalter umgelegt, und ich sah, dass sie krank war und sterben würde.

»Ich denke so viel an den Kleinen«, sagte sie, »und ich hatte mir gedacht, dass er ein bisschen Geld haben sollte, wenn ich es selbst nicht mehr brauche. Und bitte, es ist nicht viel, es ist schrecklich wenig, aber ich hab ja jedes Jahr ein paar Kronen gespart, und jetzt habe ich beschlossen, dass Putte sie erben soll!«

Mir stiegen die Tränen in die Augen, ich musste die Zähne zusammenbeißen, um nicht loszuweinen. Es tat mir so unendlich leid um Emmy, um ihr einsames, mühseliges Leben, ohne Freude und Sinn. Wenn ich dort gelegen hätte, dachte ich mir, hätte ich meine Hände in ohnmächtiger Bitterkeit geballt, ich hätte mich geweigert zu sterben, ich hätte gefragt, mit welchem Recht man mich mein Leben als Arbeitsmaschine vertändeln ließ und mich auf den Abfallhaufen warf, wenn das Getriebe am Ende verschlissen war.

Doch Emmy war ganz zufrieden.

»Wenn ich morgens aufwache oder in den Nächten keinen Schlaf finde und daran denke, dass ich am Morgen nicht mehr ins Büro muss, empfinde ich das als so *wunderbar*, das musst du mir glauben«, sagte sie. »Und wenn du wüsstest, wie schön es ist, das Recht auf Müdigkeit zu haben!«

Das Leben hat sie abgenutzt bis auf die Knochen, dass sie nichts anderes mehr empfinden kann als Müdigkeit und den Genuss von Ruhe. Sie hat sich körperlich ausgesöhnt mit dem Tod, und der Weg hinüber auf die andere Seite wird eben und ohne Schrecken sein. Das Leben nimmt, um anderswo geben zu können, quält, um anderswo schonen zu können, erzürnt, um wieder versöhnen zu können. Am Schluss kann man nur schweigend den Hut ziehen.

Im Haus am Strandvägen gab es ein Essen mit der ganzen Familie für die angereisten Hochzeitsgäste. Alles war Freude und eitel Sonnenschein und Wichtigkeit, und niemand sah, dass ich niedergeschlagen war, außer mein Onkel. Nach dem Essen, das nach dem Grundsatz zusammengestellt worden war, dass Leute, die nicht arbeiten, umso mehr essen sollten, rief er mich in sein Zimmer.

»Ich seh dir doch an, dass du was hast, Elisabeth«, sagte er freundlich. »Willst du nicht darüber sprechen?«

»Ich kann nichts erzählen, lieber Onkel«, sagte ich.

»Nein, nein«, sagte er, »mir vielleicht nicht, aber deiner lieben Tante doch wohl!«

Ich befürchte, dass ich den Mund verzog. Aber Ehemänner sind auch wirklich verblendet, wenn es um ihre Frauen geht. Was für ein alberner Einfall: mich meiner Tante anvertrauen! Ich würde wahrscheinlich bedeutend mehr Verständnis bei der Zeitungsverkäuferin finden. Da flog mich ein Gedanke an, den mir wohl irgendein Gott geschickt hatte.

»Aber wenn Sie mir vielleicht hundert Kronen geben könnten?«, sagte ich.

Ich konnte gar nicht richtig fertig denken, wozu ich sie verwenden wollte, aber ich glaube, dass ich wohl am ehesten folgende Überlegung gehabt hatte: *Mit* Geld kommt man immer weiter als ohne.

Ich bekam zweihundert, und ich bin meinem Onkel auf ewig dankbar, dass er kein Wort von irgendwelchen Bedingungen sagte oder mir Anweisungen gab, wie ich das Geld verwenden solle.

Ich umarmte und küsste ihn, freundschaftlich, mit kühler Hochachtung und ein klein wenig Mitleid. Mitleid wegen meiner Tante. Es ist schrecklich, wenn unbegabte Frauen heiraten, aber noch schlimmer ist es natürlich, wenn sie es nicht tun.

Die ganze Sonntagnacht lag ich wach, und meine Seele wanderte sehnsüchtig und mit blutenden Füßen dem Morgen entgegen.

Eva, die den ganzen Tag so intensiv verlobt gewesen war, dass ihre weiße Twillbluse am Rücken ganz schwarz war von seinem Rockärmel, lag im Bett und zwitscherte im Schlaf und sagte in regelmäßigen Abständen: »Gustav.« Baby schlief still und ruhig, während ich mal dalag und meinen Puls im Kissen rasen hörte, mal mit den gefalteten Händen um die angezogenen Beine dasaß und lautlos mit dem ganzen Körper wimmerte.

Im einen Moment sprach meine Vernunft: »Ich *kann* mein Leben nicht für einen Mann zerstören, der mich als Sport sieht – ›big game‹, und vielleicht nicht mal big.«

Im nächsten Moment antwortete mein Herz: »Damit zerstöre ich doch nicht mein Leben, und wenn doch, was soll's? Für wen soll ich mich aufsparen, wenn ich doch keine andere Mitgift habe als Putte?

Ich *kann* nicht bleiben.

Ich *kann* nicht weggehen, er ist mir so unentbehrlich geworden wie Essen und Luft.«

Ich musste an Emmy denken, und ich, die sie so sehr

bemitleidet hatte, wünschte mir nun, ebenso wie sie die große Gleichgültigkeit erreicht zu haben.

Ich stelle mir mein Ich wie einen zu Anfang noch runden Teigball vor, der jetzt ausgerollt wird zu einem Kuchen. Dieser Teig soll so dünn ausgerollt werden, dass er seine ganze Individualität verliert, so dünn, dass die Ränder auf dem Backbrett verschwinden, ohne dass man es bemerkt. So behandelt einen das Leben, und je geschmeidiger man ist, desto eher enden alle Streitigkeiten, aber die Prozedur ist schmerzhaft, und man zerreißt unter dem Nudelholz ebenso wie unter der Hand, die es führt.

So verging die Zeit, und der Morgen dämmerte.

Die Anwälte sehen nie irgendetwas, in diesem Fall sind sie bei Weitem den Kolleginnen vorzuziehen, die sich nie mit weniger begnügen würden, als mir jeden Tag einen Satz Stecknadeln ins Herz zu stechen. Obwohl sie nichts sagen, kann ich in ihren Augen lesen, dass sie sehen und verstehen und dass dies genau das war, was sie erwartet hatten. Sie haben genau dasselbe Schauspiel – mit geringfügigen Variationen – bei jedem süßen Mädchen verfolgt, das im Büro gewesen ist – und andere hat es hier wahrscheinlich nie gegeben. Sie waren dabei vom Beginn bis zum Höhepunkt und der Abwicklung. Sie müssen das Ganze mittlerweile mit stumpfem Ekel verfolgen und mich bemitleidenswert finden, mit einem Schuss Komik, ganz wie ich mich selbst auch sehe – manchmal.

Der Anwalt selbst wappnet sich mit Geduld und Nachsicht gegen irgendwelche Skrupel, die er wie einen verzeihlichen Atavismus betrachtet, der demnächst verkümmern wird. Es gibt jedoch Augenblicke, da ist er alles andere als geduldig. Da kann er mich mit seiner Leidenschaft mitreißen, dass ich fast das Gleichgewicht verliere, doch dann kann er auch wieder böse werden und schwören, dass er mich auf jeden Fall kriegen wird, egal wie reserviert ich mich verhalte.

Ich und reserviert!

Ich hörte auf, nachmittags ins Büro zu gehen, doch dann rief er mich jedes Mal zu Hause an und bestellte mich zu sich.

Ich bin jetzt allein zu Hause, und ich weiß, dass er in zehn Minuten anrufen wird. Er wird etwas vorbringen von einem wichtigen Brief, der heute Abend noch rausmuss, ich werde antworten, dass ich reinkomme, dann werde ich mich vor den Spiegel stellen und mich kämmen, mein Haar wird unter dem Kamm knistern und sich zu kleinen, trockenen Löckchen ringeln, als wäre es in trotziger Stimmung, und wenn ich meinen Augen im Spiegel begegne, werden sie gefährlich und schwarz glitzern, während meine Wangen gerötet sind. Und meine Hände werden zittern, sodass ich nur mit Mühe den Hut befestigen oder meine Handschuhe zuknöpfen kann. Dann werde ich die Treppe hinuntergehen, wie, weiß ich auch nicht, und in der Straßenbahn werde ich sitzen und lächeln, sodass der Herr neben mir sich näher heranwanzt … Still, war da nicht gerade was? Nein … Wenig später werde ich wieder unter seinem Zauberbann stehen, gedemütigt und beschämt, aber gefangen, gefangen …

Ich weiß, dass ein Mädchen wie ein Sicherheitsstreichholz sein soll, das sich nur an der Reibfläche der Streichholzschachtel entzünden kann. Wie oft man auch in Schwefel getaucht wird und direkt durchs Feuer gezogen, man darf sich nicht entflammen – erst an der Reibfläche der Schachtel. Wenn man noch eine kleine Familienschachtel hätte, in der man liegen könnte, wäre man etwas besser geschützt, aber die hat man ja leider nicht.

Tja, nun …

Ich habe auf dem Heimweg einen Fahrplan gekauft und ausgerechnet, wie viel ein Fahrschein dritter Klasse kostet bis zum Bahnhof der Stadt, in der meine beste Freundin wohnt.

Ich habe vor, mich sehr lächerlich zu machen.

In ein paar Jahren werde ich mich wahrscheinlich herzlich selbst auslachen, sofern ich nicht vom Standpunkt eines älteren Fräuleins mit sittsamem und verständnislosem Ernst die Irrwege meiner Jugend verurteile.

Der Zug geht um ein Uhr mittags – noch einen halben Tag, und ich bin weg. Jetzt sitze ich hier und sehe mich in dem Zimmer um, in dem die Norrtullstruppe ihr Zuhause hatte, ein ärmliches und heruntergekommenes, aber doch ein kleines Bollwerk gegen die Welt, wo die eine Schutz gegen die Einsamkeit gesucht hat bei einer anderen, noch einsameren.

Ich muss an Emmy denken, die bald allein an einen Ort ziehen wird, wo sie sich nicht mehr viel um die Miete sorgen muss. Ich muss an Eva denken, die mit einem glatten Ring und Handtüchern und »Ich finde, Neusilber reicht auch« glaubt, dass sie weiß, was Liebe ist, und die Tür zu dem, was sie für den siebten Himmel hält, schon einen Spaltbreit geöffnet hat. An Baby, oh, kleines Babykind, das so viel Schmerz und Sorgen vor sich hat und alldem so klein und unbewaffnet entgegengeht, die mir und der Truppe nachtrauern wird, sobald sie zum Zuckerbäcker gezogen ist, und mit Sehnsucht auf unsere fröhlichen und betrüblichen Tage zurückblickt und sie alle vermisst.

An mich selbst, die ich mitten im Monat verschwinde (nein, wir kriegen unseren Lohn *nicht* im Voraus) und einen Skandal anrichte, um meine – was eigentlich? – Ehre zu retten, wobei ich nicht nur meinem Gewissen gehorche, sondern auch etwas Unbestimmtem, was ich Selbsterhaltungstrieb nenne. Es mag lächerlich sein, ist aber die einzige Möglichkeit.

An Putte muss ich denken, meinen großen Kleinen, um den ich mir solche Sorgen mache hier in Stockholm.

Ich muss auch an Stockholm denken, das ich mit einer ehrfürchtigen und unerwiderten Liebe geliebt habe, obwohl ich nur seine Schale gesehen habe, die jedermann gehört, und so wenig von all dem Schönen und Lehrreichen und geheimnisvoll Sündigen, das es in sich birgt. Und noch in diesem Moment, als ich sozusagen in meinem Leben um eine Ecke biege, kann ich es mir nicht verkneifen, mich zu ärgern, dass ich in meiner ganzen Zeit in Stockholm nur dreimal im Theater gewesen bin – darunter in einer Matinee – und nicht ein einziges Mal im Opernkeller!

18

Baby, meine liebe Baby!

Danke für deinen langen und schmerzerfüllten Brief. Ich will dir anlässlich desselben etwas beibringen, nämlich dass man sein Herz nicht an etwas hängen soll, was dieser Welt gehört, am allerwenigsten an mich. Liebes Kind, ich bin treulos in der Liebe, wie so viele andere Frauen und Männer übrigens auch, ich bekomme alles früher oder später satt, sogar Stockholm und das Herumsitzen im Büro. Ich weiß, Liebling, das rechtfertigt keinesfalls mein Verhalten, einfach so ohne Vorbereitungen und Abschiedsworte zu verschwinden und einfach weg zu sein, wenn du von der Haushaltsschule zurückkommst. Aber die Scheidung musste auf jeden Fall geschehen, da oder zum letzten Märztag, und ich dachte, ich könnte es nicht aushalten, die Auflösung von oben bis ganz unten mitzuverfolgen. Ich habe euch sehr gemocht, ja, und da war ja auch noch dieses Telegramm von meiner kranken Freundin, von der ich dir geschrieben hatte.

Ich bin jetzt an einem Ort, wo es kein Telefon und kein Büro gibt und nichts, woran wir gewöhnt sind, und die Atmosphäre ist eine völlig andere als die in Vasastan. Ich wohne bei einem Gutsbesitzer, mit dessen Frau ich mich einmal angefreundet habe, indem ich einem Mann einen Korb gegeben habe, den sie nicht bekommen hatte, und sie hat im Frühjahr Zwillinge bekommen, also kannst du dir mit Sicherheit vorstellen, dass sie Gott für mein Kommen gedankt hat, denn ich habe ja keine Verwandten, und nichts hindert mich daran, die ganze in einem halben Jahr in Stockholm aufgesparte Muskelkraft auf ihre Wäsche zu verwenden, die ja nur für ein Baby berechnet war, und ihre Milch zu wärmen und alles andere, was so dazugehört.

Du fragst dich sicher, ob ich die Truppe vermisse und ihre Höhle, und das tue ich auch, aber ich sehne mich nicht zurück.

Mein richtiger Platz ist nicht am Schreibtisch, und die Feder ist nicht meine Waffe. Gott, wie ich es genieße, mit meinen zwei Händen zu arbeiten, mit meinem ganzen Körper, Eimer tragen, die Kinder herumschleppen, kleine Hemdchen bügeln – wenn du wüsstest, wie süß die aussehen – und Wäsche aufhängen und sehen, wie der Schnee im Wald schmilzt! Ich stehe morgens auf, ich hacke Knochen für die Hühner, ich laufe in den Keller und auf den Dachboden, ich koche Krankenkost, ich schufte hier auf dem Hof schlimmer, als wenn ich verheiratet wäre, ich denke an nichts, und tatsächlich ist meine Haut schöner geworden. Pläne habe ich im Moment keine bestimmten, Kopfzerbrechen bereitet mir allein Putte. Du weißt ja, dass er so ein bemerkenswerter Junge ist, wenn auch ein bisschen schüchtern, und sein Schuldirektor sagt, dass er einer guten und liebevollen Führung bedarf. Aber wie sollte ich so eine Erziehung für den Kleinen in Stockholm bewerkstelligen? Ich wollte ihn in einer Lehranstalt in einer kleinen Stadt unterbringen und für weitere sechs bis sieben Jungen eine Pension anbieten, aber das ist wahrlich nicht so leicht zu organisieren. Mal sehen, ob es mir bis zum Herbst gelingt!

Ja, bis zum Herbst! Wie geht es denn der Truppe?

Eva, um mit der Erfolgreichsten von uns anzufangen, ist glücklich irgendwo in Vasastan mit ihrer Jugendliebe. Mir hat er ja nicht so gefallen, aber das ist ja egal, wenn Eva selbst einen ausdrücklichen Fingerzeig der Vorsehung darin entdeckte, dass er, genauso wie sie, Essensmarken fürs Sturebyffén hatte.

Emmy, ja, man kann sich streiten, ob sie nicht die Allerglücklichste von uns werden wird, weil sie zu diesem Zeitpunkt vermutlich die letzte große Überraschung oder die letzte Enttäuschung schon erlebt hat. Arme alte Emmy, sie war immer die Begriffsstutzigste von uns, die, die am wenigsten wusste, und die Prosaischste. Und bald weiß sie mehr als alle Gelehrten der Erde zusammengenommen.

Und zu guter Letzt du, Babykind, die ich ganz besonders ins Herz geschlossen hatte, nur du warst so hilflos und so gut, und ich bin keins von beidem. Du kannst dir vorstellen, wie ich gestaunt habe, als du mir schriebst, dass du dich auf meine ehemalige Stelle beim Anwalt beworben hast und dass er geneigt war, sie dir zu geben.

Das war ja ganz schön lustig für dich – und ein unglaubliches Glück! –, dass du so vielen vorgezogen wurdest, wo du ja überhaupt nicht Schreibmaschine schreiben kannst oder auch nur an Korrespondenz gewöhnt wärst. Es ist dir wohl nie eingefallen, dass es aufgrund deines *Aussehens* gewesen sein könnte, dass er auf dich verfallen ist? Nein, so was will man natürlich nicht so gerne denken, wenn es um eine Stelle im Büro geht! Man denkt, dass so etwas da überhaupt nichts zu suchen hat, oder? Und es kann gut sein, dass es überhaupt nicht daran gelegen hat, aber du weißt ja, als du deine Zeugnisse nur mit der Post geschickt hattest, ist niemand darauf angesprungen!

Ich will dir gar nicht von dieser Stelle abraten, denn es sind ja gute Arbeitszeiten, und er ist ja ein so *humaner* Chef, und er wird dich sicherlich *sehr* gernhaben. Ja, meine Liebe, wenn er dich im Ernst mögen sollte, sodass er sich in Zukunft nie mehr an jemand anders binden würde, könnte niemand glücklicher sein als ich, denn er ist unendlich einnehmend und liebenswert und sieht auch noch ungeheuer schick und gut aus.

Das hier klänge wohl alles ziemlich überflüssig, wenn es nur um eine *Stelle* ginge, aber du kannst dir ja denken, dass ich das Ganze nicht ohne Grund sage. Du musst verstehen, für mich war es ja nicht so gefährlich, ich bin ja schon alt genug und hab schon ein paar Erfahrungen sammeln können. Aber ich bin nicht sicher, ob du ihn so gut durchschauen kannst wie ich. Du hast kein Recht, schon so klug zu sein wie ich. Das wird man erst, wenn etwas passiert ist, was du noch nicht erlebt hast. Ich weiß ja auch gar nicht, ob er mit dir überhaupt über mich gesprochen hat, na ja, er hätte ja keinen Anlass dazu, und wenn er dich mit deinen zwanzig Jahren und deinen weichen Locken auf meine Stelle setzt, glaube ich doch, dass er froh ist, dass ich verschwunden bin, obwohl er angeblich zu Anfang schon verärgert gewesen sein soll und gesagt hat, dass ich mich wie ein Dienstmädchen verhielt, das einfach von ihrer Stelle »abhaut«.

Ja, mach du auf jeden Fall mal, was du willst, gute Ratschläge sind dazu da, dass man sie in den Wind schlägt. Aber zumindest bist du vorgewarnt, wenn er so hinreißend wird, wie er sein kann. Weißt du, die Sache ist die, dass ihr so meilenweit auseinanderliegende Ansichten habt, er und du, aber das wird er zu Anfang vor dir verstecken. Und wenn du jetzt beim Zuckerbäcker auszieht und dir wieder ein Zimmer nimmst, dann vergiss nicht, meine Liebe, dass die moralische Stütze durch einen von der ganzen Familie genutzten Vorflur nicht zu verachten ist.

Du, und wenn er zufällig mal mich erwähnen sollte, kannst du mir gerne mitteilen, wie er über mich denkt, obwohl, weißt du, im Grunde ist es egal, ich werde wohl genauso vergessen werden wie all die anderen, die er … ich meine, die für ihn gearbeitet haben. Vor allem, wenn danach *du* kommst natürlich. Und das *wirst* du, ich spüre das. Witzig, dass ausgerechnet du meine Nachfolgerin wirst! Aber ich kann so gut verstehen, dass gerade dein Aussehen bei ihm ankommt.

Jetzt, meine kleine Baby, werde ich ins Bett gehen. Ich habe ein so schmales Bett, dass ich kaum allein darin liegen kann, aber dessen ungeachtet schlafe ich jeden Abend sofort ein. Das ist der Segen körperlicher Arbeit!

Adieu, meine Kleine. Allah sei mit dir! Was glaubst du, wann er ein Wiedersehen für uns vorgesehen hat?

Deine *Elisabeth*

Weißt du noch, wie Emmy ins Krankenhaus kam und ich anrufen wollte, damit sie ihre Habseligkeiten abholen? Du warst noch im Nachthemd und ich und Eva auch, und als ich nach der Nummer fragte, hast du mich angeschrien: Vergiss nicht, einen verheirateten Gepäckträger zu bestellen!

Nun gut, meine kleine Freundin, ich will nicht deine reine Seele trüben, aber dein zukünftiger Chef ist *alles andere als ein verheirateter Gepäckträger*!

Zum letzten Mal

Pegg

Die Übersetzerin WIBKE KUHN, geboren 1972, arbeitete nach dem Studium der Skandinavistik und Italianistik zunächst im Verlag. 2004 machte sie sich als Übersetzerin selbstständig und absolvierte noch ein zweites Magisterstudium (Neogräzistik, Finnougristik und Slawistik). Sie übersetzt englische, skandinavische, italienische und niederländische Romane und Sachbücher (u. a. Stieg Larsson, Jonas Jonasson, Hendrik Groen und Nell Leyshon) und lebt in München.